銀造歷史

杜一鳴 編著

白銀作為經濟基礎，決定政治與社會；左右歷史洪流的走向，其製品的存世狀況，

印證了史書難以還原的歷史細節，且作為實證、鐵證，無從否認。此謂銀造歷史。

目　錄

前　言

銀造歷史，有別於人造歷史。

所謂"造歷史"，乃是製造、造就、見證、記錄之意。不會說話的銀子，竟然有如此能力？

白銀，從最初並非中國主要貨幣的角色，到人人爭相持有的香餑餑，乃至舉國上下幾欲為之瘋狂，再到被廢止，命運循環往復；從國外流入，到流出國境的往來；從漲價到跌價再到漲價之循環，作為經濟及貨幣基礎而決定政治與社會，左右歷史洪流的走向，而且其製品及存世狀況，印證了史書難以還原的歷史細節，且作為實證、鐵證，使人無從否認。

此曰：銀造歷史。

小時候，常常能從老宅的旮旯及脫皮磚縫裏扒出綠汪汪的銅幣，或是黑駿駿的銀幣。聽爺爺說，那是過去兵荒馬亂的年代裏，先輩們省吃儉用地攢下來，藏起來以備不時之需的。後來，藏者自己忘了，或不在世了，這些錢幣就靜靜地穿過了歷史長河。

我在那時候還不懂歷史的規律，可還是從琳琅的近代錢幣中，隱隱感受到，歷史是由一個個時代的片段構成的，而且彼此之間迥然不同，正如日與夜、晴和雨，但似乎有隱形"大手"貫穿。成年後從事多年的藝術和出版工作，卻一直有個揮之不去的執念，就是弄清這一切背後的運行邏輯。

這其實並不容易，太多的欲蓋彌彰與荒誕不經，已經漸漸模糊了歷史的真實存在，很容易陷入虛無主義。所幸的是，小時候無意間的發現帶給我的驚喜和好奇心，無形地引領着我走上了一條以物為憑、求真證史之路。

這些年來，我一方面在浩瀚的書海和倫敦檔案館的資料庫中，依稀拼湊還原歷史關鍵的節點；另一方面，我走遍國內近乎所有省區，有時還深入窮鄉僻壤，也多次拜訪歐美的拍賣和學術機構，基本湊齊了近代史上堪作證據的關鍵銀幣。我收藏的銀幣以其歎為觀止的做工、美輪美奐的圖案和毋庸置疑的存在，體現着中華的美學，展示了歷史的脈絡，還原出當年的面貌。

更有幸的是，我自幼就把玩那沉甸甸的銀幣，嗅聞白銀與黑包漿混合的味道，所以在這假貨橫行的泉界，沒怎麼"交學費"。由於當今的假幣也大多用純銀製作，電腦雕版，以及仿自然磨損的方法，所以過去那些為人稱道的聽聲音、看外形、定成色、稱重量等方法已經不夠用了。順道在此將經驗之談，擇要告訴有意收藏的讀者：

一是要對歷史上有哪些幣，有基本的了解。比如慈禧幣就是歷史上根本不存在的偽幣。

二是要看看真幣的模樣，至少在網絡上找找圖片。大多仿製幣和真貨一比就相形見絀。

三是要區分機工和人工雕版的不同。過去的人工雕版，圖案的凸起是有各種曲線弧度的，而當代的電腦雕版，其原理決定了所凸起的是有規律的弧面，或者垂直的平面。

另外要特別説明的是，景區批量兜售的皆為假貨，也就只能作為工藝品買，但其成分通常為銅鎳合金，並無白銀。

正如區分銀幣的真假是門嚴肅和高深的學問，開不得任何玩笑，歷史也切勿作等閒看，更勿作虛無想；歷史是嚴肅的，從來都不應是“任人打扮的小姑娘”，而是只有唯一真相，端看解説之人所憑何據，識見如何。當今歷史愛好者大多都從想不通、讀不懂中，開始懷疑審視此前所學所知的歷史是否有不實之處，卻往往耗費精力，上下求索，然不得其門而入。誠然，面向大眾的近代史言説，由於資料不全、水平不高和傾向迥異等原因，常有以偏概全、視而不見、語焉不詳等情形，使讀者猶如盲人摸象，導致謬種流傳。比如以為幾百年來一直是閉關鎖國；孫中山指揮軍隊武裝推翻了滿清統治；國軍潰敗台灣只因政治腐敗及軍事失誤……而且，即便是專業的歷史學人，也往往認為是孤立的人為事件改變了歷史進程，並就此津津樂道地大書特書，而對歷史背後必然的內在運行規律難以得知，對未來走向更是無從判斷。

歷史認知的膚淺與欠缺，帶來的隱患是對當前的誤解與悲劇的重演。黑格爾説過：歷史給我們的教訓是，人們從來都不吸取歷史的教訓。抵禦外辱的鬥爭與盲目排外的行為交織糾纏，像義和團那樣洶湧澎湃的民意，有時甚至會裹挾國家層面的決策與命運。

古人云：滅人之國，必先去其史，則祖國的完整和傳承必然需要統一的歷史表述。當今的中國，尤其是港台地區，社會和民眾缺少共同的史觀，對中國近代歷史的認知存在差異，直接影響到認同感和歸屬感的建立。針鋒相對的史觀與撕裂的社會認知，使台灣同胞中的一些人，對大陸不乏敵意，港澳同胞面對迥異的歷史敘述也各有看法。所以超出原有各方視角，以客觀為憑，以脈絡為線的歷史學說，意義重大。

邁入 2020 年，一場令人始料未及的新冠肺炎疫情席捲全球，更是將世界帶入不可預知的惶恐、混亂與撕裂當中。常識的匱乏，共識的缺失，視域的局限，造成的嚴重後果，都可能會使我們失望、震驚、困惑不解，甚至自設藩籬。我們更應擦亮雙眼，釐清思路，不被情緒所左右，登高望遠。其實，每個人都肩負着一種無形的責任，即用自己擅長的方式，為時代和歷史作證。既然自命為讀書人，任重而道遠，吾輩豈可不勉力為之哉？

正是帶着這樣的初心，我才在數年間的業餘時間中寫下了這本書，並主要以存世的白銀貨幣文物作為基本依據，力求使這本小書兼具學術、史料、教育和鑒賞四重價值。

州縣公私從便置賣益高見錢七百七十陌流轉行使

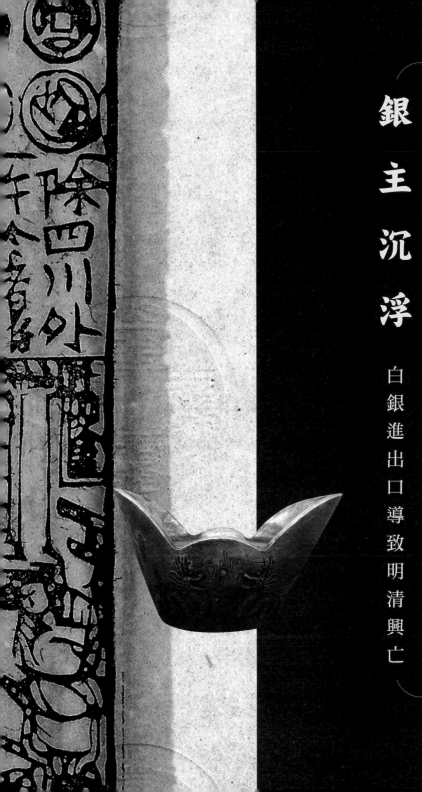

第一章

銀主沉浮

白銀進出口導致明清興亡

　　真金白銀——財富的代名詞,多少人夢寐以求的主角。然而在中國歷史中,白銀並非一直都佔據貨幣的頭把交椅,尤其是以金、銅為貨幣的唐代之前的時代。近年來考古界的一大亮點,是新發掘的漢海昏侯墓,最令世人嘖嘖驚歎的陪葬品便是海量的黃金。的確,在那些年代誰也不會想到,有朝一日,白銀會成為後世王朝興衰存亡背後的主角。

　　西漢的"白金三品"是最早的銀錫合金幣,曇花一現。從五代開始,白銀開始嶄露頭角。中原王朝周邊強大的少數民族政權,在歷次入主中原及貿易的過程中,開始引入了白銀。白銀雖不如黃金光芒耀眼,卻憑藉着自己獨特的優勢——比金常見而又比銅稀缺,逐漸成為貨幣的中堅。到了北宋時,白銀更是成為中原王朝給少數民族政權——遼、西夏、金繳納的"歲幣"的主角,並給宋朝帶來了不小的財政負擔。後來,官方開始發行等值於白銀的紙幣,也就是世界上最早的紙幣——交子(本節篇首左圖樣式);元代更是以白銀為本位,廣為發行紙鈔,以紙鈔作為國家信用貨幣,背後白銀儲備充分,制度機構完備,因此得以輻射海內外,堅持了數十年的幣值穩定,並且能自由兌換白銀,後來印鈔氾濫使紙鈔嚴重貶值,並一度不能兌換白銀,致天下大亂。

　　元代在全國統治不足百年而被明取代後,明代初期的經濟政策相當謹慎,只用金屬貨幣,但剛剛建政八年,就效仿前朝大量印紙幣——"大明寶鈔",以一貫為最高面額並堅持不增面值,同時禁止金銀流通。一貫等於一千文，印刷得也毫無節制，所以貶值也相當快。發行二十年後，面值一貫的紙幣僅能兌換銅錢百文。這樣一來，人們普遍排斥紙幣，特別是沿海地區仍舊冒險使用白銀作為貨幣，朝廷對此逐漸無力管控，最終官方的稅收也逐漸捨棄紙幣，改收白銀。直到明英宗正德皇帝十一年時，大明寶鈔完全退出流通市場。正德皇帝以後，官員俸祿九成用白銀，一成為銅錢。張居正改革時期，確立的新稅制——一條鞭法，規定稅款必須用白銀繳納，確定了白銀作為貨幣主體的地位。

　　明王朝由於無節制地發行紙幣，導致了經濟混亂，所以就因噎廢食地取消了紙幣，重回單一的金屬貨幣，導致經濟後來掉進了"另一個坑"。

明代元寶

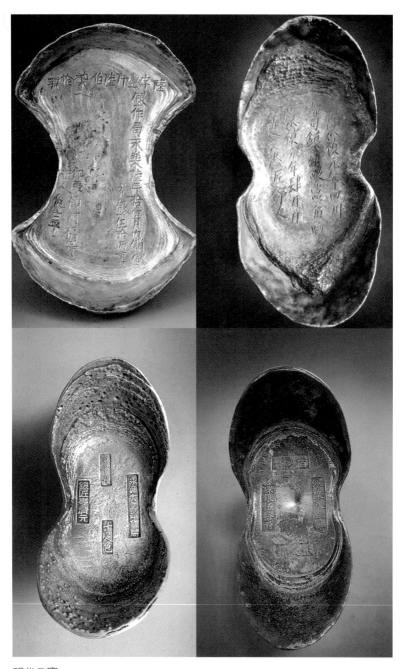

明代元寶

　　世界歷史的進程，對明朝的興亡產生了重大影響。明代時，歐洲人發現了美洲大陸和通向中國的航道，將國外，特別是銀礦資源豐富的南美洲所產白銀，源源不斷地運到中國，來購買歐洲人喜歡的中國商品，如絲綢、瓷器、茶葉等。船舶經南洋而來，以至於國人瘋傳南洋有銀山。外來白銀雖成本低廉，卻與相對珍稀的國產白銀一樣使用。當時的歐洲列強已經懂得了各國之間白銀開採成本、保有量和經濟情況的不同，白銀的實際購買力迥異，於是鑄造銀幣，並靈活地設置與別國銀幣之間的匯率，而不是直接使用白銀，然而，顯然明朝政府還沒有意識到這一點。

　　據德國學者弗蘭克在《白銀資本》中記載：在公元 1500 年到 1800 年的三百年間，中國成了全球白銀的“秘窖”，歐洲殖民者從拉丁美洲掠奪來的白銀，有一半最終都運抵中國，繁榮的出口貿易和寬鬆的貨幣政策維持了明代腐朽政治下的經濟繁榮。

　　貴金屬作為貨幣的一大缺點，在於無法隨着經濟規模的增加而相應增加，反而會因達官顯貴的鯨吞和秘藏而減少流通。不僅僅是貨幣超發引起的通脹會導致經濟崩潰，貨幣缺乏引起的通縮同樣也會。社會的缺錢，如同生物機體缺血一般，足以致命。

　　在研究明朝滅亡的原因時，當代學者往往將注意力集中在明朝和農民起義、後金（清）的軍事鬥爭，以及明朝內部的激烈黨爭上，而忽略了經濟基礎對上層建築的決定性作用：明朝貨幣高度依賴進口白銀，且明朝末年白銀的進口驟減，所以在面對農民起義和與後金戰爭中的乏力，皆可在很大程度上歸因為白銀的極度缺乏。

　　海外歷史學家魏斐德在《洪業——清朝開國史》開首，即利用馬尼拉的港口檔案證實了這一點：1620 年至 1660 年間，歐洲市場爆發了貿易危機，以西班牙的塞維利亞為中心的世界貿易體系遭到沉重打擊。中國儘管與歐洲相距遙遠，也不可避免地受到嚴重影響。在 17 世紀 20 年代歐洲貿易衰退之前，停泊於馬尼拉的中國商船每年多達 41 艘，到 1629 年便降為 6 艘。加之當時與中亞貿易的萎縮，新大陸輸入中國的白銀便大大減少了。17 世紀 30 年代，白銀又開始大量流入中國，西屬新大陸的白銀又從海上源源不斷地運至馬尼拉。大量日本白銀被澳門人帶到了廣州，而

明代元寶

更多的白銀則從印度的果阿經馬六甲海峽流入澳門。但不久，即
30 年代末和 40 年代初，白銀流入兩次被嚴重阻斷，而此刻正值
長江下游地區高度商品化的經濟形勢急需更多白銀之時。1634 年
後，法國國王菲利浦四世採取措施限制船隻從阿卡普爾科出口；
1639 年冬，許多中國商人在馬尼拉遭到西班牙人和土著人屠殺；
1640 年，日本斷絕了與澳門的所有貿易往來；1641 年，馬六甲落
入荷蘭人手中，果阿與澳門的聯繫也被切斷。中國的白銀進口量
從進口的近乎峰值中驟然跌落。

那麼白銀的進口量驟然減少，會對明朝的經濟造成哪些影響
呢？在通常概念中，古代中國的經濟是可以自給自足的，確實如
此，但嚴峻的問題是，明代的貨幣——白銀主要依賴進口。中國
雖然地大物博，但不是白銀的主要生產國。萬曆可謂中國歷史上
對開採金銀最為熱衷的皇帝，竟至"無地不開，中使四出"，鬧
得"群小藉勢誅索，不啻倍蓰，民不聊生"，但饒是萬曆及其礦
監已經如此努力，其實平均每年不過開採白銀 20 多萬兩。即使算
上宦官數倍貪污中飽之數，也完全不能與進口的白銀相比。據魏
斐德統計：在 17 世紀的前三十多年中，每年流入中國的白銀，總
量約達 25 萬至 26.5 萬公斤，是國產數量的幾十倍之巨。

長期研究明清之際白銀問題的美國學者艾維四認為：1560 到
1600 年日本白銀的年輸出平均數在 33750 至 48750 公斤之間，大
多數最後還是到了中國。從南美洲直接運來的白銀也相當多，16

世紀末到 17 世紀初經過菲律賓流入中國的南美洲白銀達到 57500
至 86250 公斤之間。而且馬尼拉還不是南美洲白銀進入中國的唯
一門戶，還有一部分從澳門、台灣、東南亞其他地區進入中國大
陸。艾維四估計，從阿卡普爾科運到馬尼拉的白銀平均每年 143
噸，僅 1597 年一年就有 345 噸。已經無法準確得知明代到底進口
了多少白銀，可以説是一個天文數字。

　　"片板不得下海"只是明朝廷禁止民間走私而已。有明一代
二百多年，對於白銀的追求和外向型的經濟，極大地促進了明代
的經濟和生產活動向着專業化、商業化、跨國、跨區域的方向發
展，特別是在江南各省，比如松江地區，隨着國內外對於棉布的
需求，越來越多的人改行從事全日制的紡織和棉布貿易。

　　但是在白銀完全不能自給自足，嚴重依賴進口的前提下，還
要選擇別的國家所富藏的貴金屬白銀作為自己的貨幣，在今天看
來，這就是一件把金融命脈委於他人的荒唐之舉，但明朝的統治
者並未意識到後果的嚴重性。

　　在萬曆年間，外國來的白銀被用來大量採購江南的絲綢。對
於賺取白銀深感興趣的皇帝，命令地方官員，甚至調動軍隊，監
督在江南地區把稻田抽乾，改為桑樹種植。長期易稻為桑的政策
導致當地稻穀產量下降，有着"蘇杭熟，天下足"美稱的江南糧
食生產竟然不足，以至於需向外地購買。這無疑對國家的糧食生
產造成了重大影響。

　　到了明朝末期，由於南美白銀輸出量大幅下降，國際絲綢貿易萎縮，導致原本富饒的幾個省份在大工業啟蒙與社會分工的商業化過程中，更是出現非常嚴峻的失敗，因為普遍的資金鏈斷裂而結束了資本主義萌芽。這是李約瑟之問的答案之一。

　　根據歷史上的氣象數據顯示，從 1626 年到 1640 年，罕見的氣候變化席捲中國大部地區，降溫、乾旱和洪澇頻發。江南地區糧食不足的問題因缺乏貨幣白銀而被放大。市場化程度最強的富裕地區，如江南地區，因為此時砍桑樹改種水稻來不及了，而購買的話，貨幣白銀也同時匱乏，且遠途交易難以實現，遭受打擊相當嚴重。據黃仁宇先生的研究，17 世紀 40 年代，蘇州白銀相對銅錢升值 5 倍，糧食奇缺，許多豪宅低價出售卻無人問津，區域經濟遭到重創。接連不斷的饑荒，伴隨着蝗災和天花，帶來的是人口大量死亡。經過這場浩劫，晚明的人口總數大幅度下降。有的學者甚至提出，從 1585 年到 1634 年，中國人口減少 40%。中國人口的嚴重下降，恰恰與全球性的經濟衰退同時發生，僅這一點便足以使歷史學家們相信，中國也被捲入了 17 世紀那場困擾着地中海世界的白銀供應危機。宋元以來，國家財賦“取諸東南，用之西北”的習慣做法，這時候也受到挑戰，蓋“東牆”既已窮絀，何以補綴“西牆”？更何況此時東北的滿族武裝強勢崛起，明朝政府還要常年養兵防禦打仗，所以崇禎皇帝困坐深宮，整天為銀子發愁。因為軍事的關鍵要素，說到底還是錢的事。

　　白銀進口的驟然減少，的確使明朝的經濟重地遭受重大打擊，而且嚴重影響到了明朝的財政。但是白銀進口的驟降和江南的饑荒只是明朝經濟崩潰的導火索，並不能使明朝這一偌大的數百年帝國迅速滅亡，而且畢竟推翻明朝的農民起義是在西北爆發而非東南。那麼西北的農民起義大規模爆發，與江南白銀缺乏有直接關係嗎？

　　明末農民起義爆發的原因很多，但研究者往往忽視了最根本的因素──貨幣奇缺對西北的嚴重傷害。明朝時白銀的主體從南方流入京師，再從京師流入東北邊防，又從東北回流南方（當

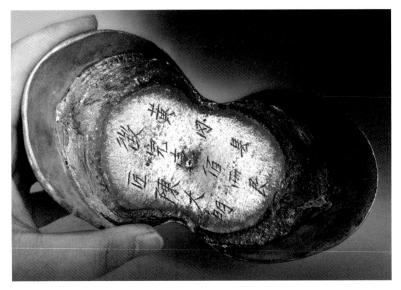

明代元寶

然，一路上不斷被"割羊毛"，成為達官貴人的窖藏）。處於市場邊緣的西北、山東半島等地成了白銀灌溉不到的"蠻荒地帶"，西北地域更加遼闊，交通又遠不如山東便捷，故而形勢更加嚴峻，而"一條鞭法"實施後，把國家稅收折合為白銀來收取。農民只好任人魚肉，毫無還手之力，即使豐收之年也難免凶厄。

明末清初的大儒顧炎武沉痛地記載了當時的慘狀："今來關中，自樗以西至於岐下，則歲甚登，穀甚多，而民且相率賣其妻子……何以故？則有穀而無銀也，所獲非所輸也，所求非所出也"。西北的糧食由於江南缺乏白銀而賣不出去，可西北人卻要賣妻賣子以換取白銀繳稅，如此，爆發農民起義乃是必然。

白銀的稀缺，還有個重要的原因是被大量"窖藏"而退出流通領域，這在前文中已有提及。在貨幣發行數量已無技術障礙的當代，此情顯得頗為重要，值得梳理。

回溯明王朝立國之初，對貪官污吏的懲治非常嚴厲，朱元璋規定："凡守令貪酷者，許民赴京陳訴。贓至六十兩以上者，梟首示眾，仍剝皮實草。府州縣衛之左，特立一廟，以祀土地，為剝皮之場，名曰'皮場廟'。官府公座旁，各懸一剝皮實草之袋，使之觸目驚心"（趙翼《廿二史劄記》）。這樣的懲罰可謂空前絕後了：貪污60兩銀子以上，就是死罪，不但要梟首示眾，還要剝皮後填充上稻草，放到繼任官員旁邊，看他想不想成為下一個。

朱元璋在世時，這一嚴厲的反貪立法確實對官員造成巨大的

明代元寶與銀錠

威懾，一些官吏縱敢貪污，也是心懷恐懼，"暮夜而行，潛滅其跡，猶恐人知"。但由於官官相護，以及後世的皇帝不再有能力和威嚴震懾百官，官場腐敗很快就死灰復燃。至中晚明時，官吏貪污已經明目張膽，"納賄受賂，公行無忌"，以至"無官不賂遺""無守不盜竊"。

中晚明的典型貪官，大約要算嘉靖朝的嚴嵩、嚴世蕃父子。根據嚴氏被抄家時登記的一份財產清單《天水冰山錄》顯示，從嚴家抄出的金錠、金條、金餅、金葉、金器、金首飾共計 3 萬多兩；白銀 201 萬兩；銀器和銀首飾 1.36 萬兩；玉器 875 件；古畫 3200 餘軸冊；錦緞絹綾 4.1 萬餘匹；其他諸如象牙、犀角、玳瑁、瑪瑙等珍玩無數。如此巨量的財富，即使後輩數代花天酒地，顯然也是揮霍不完的，真不知道他們貪這麼多錢財來幹什麼？但人的貪慾和強大的權力結合，導致這樣的現象數不勝數。

明朝的時候，貪官們還想不到將龐大贓款轉移到海外、存入瑞士銀行。國內雖然也有錢莊、銀號，但將數以百萬兩計的銀子存到銀號，銀號未必敢收，而且委實無法保密。所以，貪官們除了將財富用於無度的揮霍（嚴氏父子得勢之時，生活之奢華，令人瞠目結舌："溺器皆以金銀鑄婦人，而空其中，粉面彩衣"。）之外，通常都是在家中囤藏起來，以圖世代享用不盡。有一名大貪官，就是這麼總結貪污經驗的："復壁藏金，為永久計"。

後來嚴氏在權力鬥爭中落敗，遭受無情清算，其"巨額財產不明來源"果然成了大罪證之一,一名御史彈劾嚴嵩:"陛下帑藏,不足支諸邊一年之費,而嵩所積,可支數年。"最後嚴嵩被削官還鄉,嚴世蕃被斬首,嚴氏家產被籍沒。抄家時,官府將嚴家囤藏的銀子及其他財物搬出來,通過潞河裝船運走,"載以十巨艘,猶弗勝"。

此後明王朝吸取教訓,重用那些不會有後代的太監,手握權柄,以監察朝政和百官。然而防不勝防的是,這些太監貪污起來毫不遜色,且無人能管。據趙翼的《廿二史劄記》所載,正德朝時,太監劉瑾被籍沒家產,抄出"大玉帶八十束,黃金二百五十萬兩,銀五千萬餘兩,他珍寶無算";另一名太監錢寧被籍沒時,抄出"黃金十餘萬兩,白金三千箱,玉帶二千五百束";權臣江彬被籍沒時,抄出"黃金七十櫃,白金二千三百櫃"。

趙翼說劉瑾窖藏了五千餘萬兩白銀,可能有誇大之嫌,可信的數目應該是《明通鑒》所說的"金銀累數百萬",這也追平著名貪官嚴嵩父子了。即使是數百萬兩的貪污數目,對明王朝來說,也是一個天文數字,要知道明王朝一年的財政收入,也才不過幾百萬兩白銀。而明室覆滅之際,佔領北京的大順軍從京城明朝官員府中搜出來的白銀總數,高達七千餘萬兩,此銀後來竟大多不知去向。再加上其他各地的窖藏,以及未被發現的窖藏,明末的民間窖藏白銀總量,多位學者估算有兩億至三億兩之多。

據台灣學者李隆生的估算,整個明王朝所有的白銀存量——

明代元寶

包括從唐宋元時期積累下來的白銀、明代生產的白銀以及從海外流入的白銀，加起來有 7.5 億兩左右。但這 7.5 億兩白銀中，有些被鑄成銀器、銀飾，大量流入中亞，成為明朝貨幣的僅僅是其中一部分。減掉窖藏和外流，在明末，保守估計也有一半的白銀退出了流通領域。這和外來白銀的減少，合力促成嚴重的通貨緊縮，用當時人的說法，叫做"銀力已竭"。

在這樣的情況下，即便明王朝後期恢復紙幣地位，或者加印銅幣，也會主要落入權貴之手，尋常百姓難以得到。正如腸胃功能有嚴重障礙的病人，就算大量喝水，依然會身體脫水。而“輸液”直接供應民眾貨幣的方式，則意味着繞過官僚系統，在當時技術條件下無法實現。經濟體系的失靈，必導致社會運轉失敗。

從一些更鮮為人知的史料看，一百萬兩白銀就能徹底改變明清交替的歷史進程。公元 1644 年 3 月（崇禎十七年），因官府缺錢而被裁員後造反的郵差李自成已經成長為“闖王”，率幾十萬軍隊，將京城圍得水泄不通。崇禎帝心知已經完全無力回天，但就在勝敗已定時，卻意外收到一封來自李自成的“談判信”。

李自成的舉動很讓人費解，他明明可以一舉攻破紫禁城，推翻明朝，取而代之，但他卻沒有這麼做，而是派投降的太監杜勛攜密信代表自己與崇禎帝談判。或許他在“天威”面前有些心虛，也或者他頗有無能執掌天下的自知之明。

在這封信中，李自成向崇禎帝提出了三個條件：第一，割西北諸地給李自成；第二，昭告天下，封李自成為西北王；第三，出銀百萬兩，犒賞大順軍。（出自《小腆紀年附考·卷四》，原文為：議割西北一帶分國王並犒賞軍百萬，退守河南。闖既受封，願為朝廷內謁群寇，尤能以勁兵助剿遼藩，但不奉詔與覲耳。）

從《小腆紀年附考》的記載中不難看出，李自成的這封信，其實質是請求招安。因為，在向崇禎帝提出了上述三個條件的同時，李自成也許下了三個承諾：第一，只要你答應三個條件，我立刻撤軍並離京千里；第二，我願意出兵為朝廷平定其他農民起

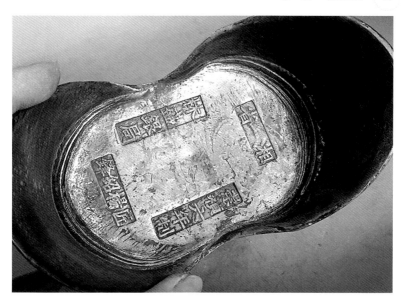

明代元寶

義軍；第三，我還可以出兵滅了正與明王朝打仗的後金鐵騎。

　　平心而論，李自成的這三個條件和三項許諾，其實對崇禎帝來說，也算是合情合理，絕對的利大於弊，畢竟，當時人家李自成已經兵臨城下，人為刀俎，我為魚肉，有得選已經非常不錯了，更何況，讓李自成去打另一支敵對的勁旅，無異於讓明朝廷的兩大對手相互殘殺，相互消耗，而崇禎皇帝既不用亡國，又可以坐收漁翁之利，何樂而不為呢？

　　崇禎帝拒絕李自成的條件，原因是多重的、複雜的。從主觀上看，崇禎扭不過來思想的彎，不願和敵人議和，他不懂議和這個概念本身就是對敵人而言的，和朋友不存在議和的概念，而打不過的敵人就應該作朋友。從客觀上看，崇禎帝拿不出一百萬兩白銀。崇禎末年，明軍在前線之所以節節敗退，最重要的原因就是軍餉不足，糧草不濟。為了解決軍餉問題，崇禎已經彈盡糧絕，最後不得不號召大臣捐款“助餉”，但結果卻是沒有一個大臣願意傾囊相助，以解國難，反而是紛紛“哭窮”，而那時崇禎帝需要的軍餉也不過是一百萬兩。同樣的一百萬兩，之前崇禎拿不出，此刻也同樣拿不出。常言道，一文錢難倒英雄漢，這筆一百萬兩銀子就成了加速明朝滅亡的“最後一根稻草”。

在和談不成的當晚，李自成率領的農民起義軍攻入北京，明朝滅亡。而諷刺的是，城破後農民軍對諸大臣和富民抄家，共得銀七千多萬兩。以至於讓工人重新熔鑄成巨大的中間有孔竅的方板狀銀板，以便於運輸，畢竟這個數量太過驚人。若崇禎地下有知，想必後悔沒自己抄些出來，來渡過此劫。

李自成建立政權，國號大順。僅僅幾十天後，長年在山海關抗擊後金的明將吳三桂在歸順的半路倒戈，只因愛妾陳圓圓被李自成部將劉宗敏霸佔，而李自成礙於需要劉拷掠銀子而默許。吳三桂遂聯合已改稱“大清”的後金擊潰大順政權。後金迅速佔領北京，建立了最後一個少數民族建立的統一王朝——清朝。

而此時，歐洲的戰爭和危機過去了，白銀恢復了昔日的供應量。為了圍困和統一鄭成功政權治下的台灣，康熙皇帝宣佈海禁，甚至勒令離海邊不足五十里的居民一律內遷，禁止居住。但白銀進口一斷，經濟很快出現問題，所以沒過多久就不得不取消了海禁。清初統治者和民間對於西方"奇技淫巧"的工業製品興趣寥寥，也不捨得或者缺乏白銀去大量購買，而對於出口商品賺取白銀則勁頭高漲。幾百年輸入的白銀帶來了對生產的刺激，清

明代銀錠

清代國旗

清代元寶

清代元寶

王朝出現了一百多年的經濟繁榮——"康乾盛世"，同時也讓中國成了世界白銀保有量大國，約佔全球當時已開採總量的三分之一。

　　歐洲經過工業革命後，經濟的繁榮導致貨幣需求量大為增加。1810 年 4 月爆發了拉丁美洲獨立戰爭。以此為拐點，南美白銀產量銳減。1821 至 1830 年，拉美銀產量陷入谷底，直到幾十年後也未能恢復。所以在清中期，中國的白銀成了全世界的搶手貨。歐洲人希望用商品把幾百年來甩出去的白銀套回來，可他們的商品很難在中國大量銷售。非但如此，清朝由於自給自足的經濟模式再加上官府嚴格限制進口，僅允許指定的"洋行"代理並收取關稅以及私下"吃拿卡要"，而同時商品出口暢通無阻，故對外貿易多年保持高額順差。

　　為了改變貿易逆差的局面，撬開中國市場，列強以英國為首祭出了法寶"福壽膏"，號稱吸食之後飄飄欲仙，增福添壽。這就是當今人們聞之色變的毒品——鴉片。一吸就上癮的鴉片，使無數人把身體吸廢，家產吸空，同時滿載白銀的船隊調頭駛向歐洲。白銀的世界性減產和從中國大量流出導致從道光元年就開始的、由於白銀貨幣不足而造成的"道光蕭條"雪上加霜，為日後大規模的農民起義埋下了隱患。

　　明清兩朝，就這樣宿命般地接連走進了同一條死胡同。

第二章

中西合璧

货币改革以图走出困境

1839 年，鴉片走私猖獗，官民吸食鴉片成風，連皇族都不乏癮君子，導致大量白銀外流，官府庫銀日趨緊張。

情急之下，道光皇帝終於下定決心，派一貫勤勉的林則徐為欽差大臣到廣東禁煙。謹小慎微的道光皇帝，還特別叮囑林則徐"勿起邊釁"。林則徐抵粵後，在幾無成效的情況下放出大招：將幾百名英商軟禁，後來英政府介入，林則徐則令其交出鴉片以獲釋。1839 年 6 月 3 日，林則徐下令在虎門海灘當眾銷毀鴉片，至 6 月 25 日結束，共歷時 23 天，銷毀鴉片 2376254 斤。

道光皇帝認為經此銷煙一役，大局已定。然而直到當年底收到林則徐的奏摺，依然是糾纏不清的"夷務"，深感煩躁，於是天真地想出了一條以為可以一勞永逸的辦法：永久終止對英進口貿易。至於其後果，他只想到了關稅的減少，一向以儉省面貌示

油畫——虎門銷煙

人的他此時卻大方地宣佈："區區稅銀，何足計論！"這不着調的情節出自《鴉片戰爭檔案史料》第一冊 742 頁。

次年，英國開來艦隊，提出遞交國書、平等通商等條件，但未得到清廷重視，後來摩擦逐漸升級，大清帝國終於迎來了真正的災星，戰爭爆發，史稱第一次鴉片戰爭，成為中國古代歷史和近代歷史的分水嶺。面對船堅炮利的英國軍艦，清軍組織渙散、武器落後，毫無懸念地吃了敗仗。後來英國以攻打南京為要挾，迫使清政府簽署《南京條約》，主要內容包括割讓香港島，開放五座城市為通商口岸，賠款等。

雖說簽訂了不平等條約，鴉片也被單獨列為非法而逐漸限制了，但由於工業革命之後的各種"洋貨"物美價廉，傳統的茶葉等出口產品有了印度等國的替代而不再暢銷，清政府在對外貿易

油畫──簽署《南京條約》

中還是白銀外流，貨幣稀缺，經濟衰退，這些都令統治者們“肉疼”，所以遮遮掩掩地用慣用的套路不順利執行通商條款，同時也只對英國人加以優待。於是紛至沓來的列強發現談判不好使，只有用打仗來逼迫清政府認慫，清政府只好簽訂城下之盟，陸續開放口岸，導致白銀繼續外流。

這段慘痛的歷史已經是大家耳熟能詳的了，可是這和發行銀幣有什麼關係呢？

屋漏偏逢連夜雨。這邊洋人還沒對付完，太平天國又掀起波瀾。在白銀不斷外流的情況下，為了應付與太平天國的戰爭及各種開銷，從道光帝的兒子——咸豐年間開始，中央以及多個省份大量超發貨幣，甚至造大量當十、當百的不足值大額銅幣及紙幣，意圖套取百姓物資以解燃眉之急，同時還能集中財力填補國庫虧空。可百姓也不願坐以待斃，於是群起而仿造之，因為銅錢造法很簡單，將燒化的銅水倒進自製的模子裏，成品即可亂真。這些問題導致物價飆漲，民不聊生，迫使清政府幾年後廢除了大錢和紙幣，貨幣反倒又稀缺而導致金融流動性不足了。

此時，與外國人的貿易往來使外國銀幣在國內廣為流通，外國銀幣由於標準化、難仿冒而深受人們的歡迎。能受歡迎到什麼程度呢？據王永生先生所著《鑄幣三千年》，當時市場上一枚重量七錢二分，含銀量 90% 的外國銀幣，可以和重量一兩、含銀量 93.5% 的紋銀等價。這就刺激外商用銀幣兌換溢價 44% 的紋銀，運到印度後製成銀幣，再運回中國循環套利，加劇了白銀外流。

這樣一來，學界和朝廷都察覺到了潛在的巨大風險，遂借鑒外國銀元，鑄造和發行本國銀幣以力挽狂瀾，同時和外國的銀幣貨幣接軌和競爭。促成這一重大改革的人物有很多，學界以鄭觀應為代表，他在著作《盛世危言》中表明鑄造銀幣有四大好處，又能除掉四大弊端，振聾發聵；朝廷中的推進者以清末重臣張之洞為代表，後者被譽為"中國近代機製幣之父"。

新式銀幣不再用範鑄，即用模子澆鑄金屬幣的造幣方法，而是用進口的外國機器鑄造。為了惹人喜愛且避免被仿造，當局請外國名家，把新式銀幣鑄造鋼模設計和雕刻得非常精美。

中國最早的機製銀幣是公元 1867 年製造的，由上海租界的行政管理機構——工部局委託香港造幣廠幫助設計，後世對於實物只能見到面值為"一兩"與"二錢"兩種，正面為蟠龍圖案，銘文為"上海一兩（二錢）"。而背面的圖案，不知道相關人員究竟有多糊塗，借鑒過了頭，竟用了英國的國徽及皇冠，所以最終因沒有通過清政府的審核而作罷，於是這一下子把發行銀元的時間後推了十五年，而巧合且令後人哭笑不得的是：彼時的皇帝仍然是當年的十一歲兒童。難道皇帝能穿越？當然不是，此間故事後文詳述。

用機器自鑄新式銀幣並且發行的，始於光緒八年（1882 年）吉林機器局鑄造的廠平（吉林通用銀兩一兩，約 37.4 克）一兩幣。此幣因鑄造數量甚少，後世少見。

　　此後鑄造的銀幣以庫平為重量計算單位，庫平一兩為 37.301 克。庫平是清政府收徵租稅、出納銀兩所用衡量標準，訂立於康熙年間，1908 年清廷掌管財政的度支部擬訂統一度量制度，規定以庫平為度量衡標準。可惜只沿用了三年就成了生僻詞彙，這都是後話了。

　　兩廣總督張之洞於公元 1887 年（光緒十三年）奏准由廣東造幣廠試鑄銀幣，正面鑄有“光緒元寶”四字，上圈有“廣東省造”四字，下圈有“庫平七錢二分”六字，此幣遠不足一兩，採用此重量是為與外國銀幣相同，便於換算和兌換。背面鐫有龍形，還有破天荒出現的一串英文。據說原來英文是位居正面的，樣幣送到北京後，政治敏感性極強的戶部認為不妥，下令將正面的英文移到背面，而把背面的中文移到正面。過了兩三年鑄成後，就投放到市面流通，這就是龍洋的起源。裝飾圖案所用的龍紋是中國傳統的吉祥圖案，正是皇權的象徵，而銀幣和形式和外形則效仿西洋銀幣，可以說是東西方技術、錢幣和文化的首次碰撞、融合的實體展現。再往後，光緒、宣統年間各省所鑄的銀幣也都統稱為龍洋。銀幣也因為以“元”為計量單位而稱銀元。

　　清末銀元的鑄造，在中國貨幣發展史上具有里程碑式的重要意義。主要體現在三個方面：

　　一是順應時代發展的需求。傳統的貴金屬貨幣無法支持各國間的幣值差異，紙幣在當時的條件下又容易無序亂印，而結合兩者優勢的鑄造銀元則有效地解決了這些問題。

二是確立了以元（圓）為中國貨幣的基本單位。之前的貨幣都是基於重量的，即便是銅錢，也是固定地與貴金屬貨幣有一定比值，其換算的基礎依據依然是重量。貨幣的價值與貴金屬重量脫鈎，就意味着發行量不再受到貴金屬價值的制約，可以隨着經濟量的增長而增長。這就為後來紙幣的改革創造了有利條件。可惜後來的紙幣——法幣及金圓券並不成功，此部分內容後文詳述。

三是減輕了制錢（銅錢及泛指貨幣）不足所造成的困難。清末光緒年間，受國際銀價下跌的影響，銅價上漲，製造銅錢虧本，出現了錢貴銀賤的局面。各省在討論鑄造銀元的必要性時，多以“補制錢之不足”為理由，這正說明了鑄造銀元減輕了社會流通中貨幣不足的矛盾。

但是由各省分頭各自鑄幣，是當時政治、金融、交通等條件制約下的無奈之舉，儘管有中央的統籌，也是相當於把鑄幣權下放，等到 20 世紀初，中央政府警覺這個問題，重鑄貨幣以收回鑄幣權時，引發各省的極度不滿，經濟相對發達的南方尤甚。在武漢槍響之後，關內二十二個行政省中，有十七個迅速宣佈脫離中央政府而獨立，南方各省無一例外，就是此時埋下的伏筆。

洋務運動

第三章

江南省造光緒元寶

　　1850 年初，在位近三十年的道光皇帝去世，其子繼位後，稱咸豐皇帝，他對先帝所做的一些決策，特別是《南京條約》的簽訂，深不以為然，認為英國奔襲七萬里（從英倫三島繞行非洲好望角，確實差不多有這麼遠）而來，絕不可能勝過大清百萬雄兵。

　　1856 年，為進一步打開中國市場，擴大在華侵略利益，英、法找藉口發動戰爭，並在 1860 年侵入北京，史稱第二次鴉片戰爭。此戰以清廷簽訂一系列不平等條約結束。嚐到了苦頭的清政府，拱手出讓領土、主權以及一系列經貿特權，暫時滿足了列強的胃口，國內的農民戰爭也進入低潮，呈現了暫時“穩定”的局面，即所謂“中外和好”的“和局”。但是在統治集團中，一些相對清醒的洋務派首領，如曾國藩、李鴻章、左宗棠，以及在中樞執掌大權的恭親王奕訢等人，並沒有減少危機感。特別是曾、李、左這樣的湘軍淮軍首領都是因為剿滅太平天國而建立的殊勳，他們在藉助西方列強對太平天國的“華洋會剿”中，親眼看到了堅船利炮真不是謠傳的邪術，從而感受到一種潛在的長遠威脅，終於認識到中國已面臨“數千年未有之變局”，開始求變。

　　中國地處東亞，東南有太平洋，西北有戈壁與雪山，四周形成了天然地理屏障，有助於形成大一統的中央王朝，也有利於禦敵防衛，保持文明的連續性和獨立性。然中國自古所知的外國，僅限於周邊國家，對西域以西完全不了解，所以歷代統治者長期以天朝上國自居，將其他視為蠻夷，若不服從，則發兵征討。就算近代和列強交鋒、落敗並簽訂條約後，骨子裏仍然不願承認列強是並不遜於自己的國家，也不認為與其能和平共存。

在倫敦檔案館裏，存有一份尚屬開明派重臣的張之洞，在與英法的戰爭後上書兩宮太后的奏摺，開頭即是：“蓋聞華夷不兩立，帝業不偏安”，全文鼓動清廷向列強開戰，其諸多理由除了雪恥、列強索要金銀慾壑難填等主觀和捏造（當時之前賠款皆為損失及戰爭開銷，列強並未通過索款本身獲利）的情節外，還有“若不急而圖之，我國之血氣日虛，彼國之爪牙日眾，根底盤深，其又何能搖動也”之語，其邏輯錯誤在於，明知己方越來越差，不想着怎麼改善，卻要在變得更差之前，消滅日益強大的對手。而更荒謬的是，連列強的國家位置都不清楚，只是企圖通過守要隘、修炮台，以斷“夷船之往來”，從而實現“駟馬成群、山河壯氣、蠢頑悉除……妖異全消，洗盡乾坤之醜陋”的效果，似乎如此這般，就能永久地消滅各個強國了。

最為離譜的是，從結尾的“越官之罪”來看，張之洞此時尚屬無權直奏兩宮太后的小官，史實也證明，他於1863年剛考中進士，進入翰林院開啟仕途。後來加官晉爵，未必是此摺之故，但想必頗合上意，否則日後何以提拔？由此可見，此文一葉知秋地反映了當時的“聖意”和民情。張之洞提出的“中學為體，西學為用”思路，所學來的頂多只是皮毛的技術，其背後的觀念和制度不改，各國平等且融洽往來的局面不建立，清王朝覆滅乃定數。

　　另外，令國人扼腕歎息、眾說紛紜的"火燒圓明園"悲劇之原委，和伏擊英法的外交使團有直接關係。這可從此奏摺中找到印證："幸有僧格林沁深明大義，慷慨興師，用計謀以令其回國，伏勇義而守其海疆，方幸一戰成功……執意……燒我園圃……"

　　據此文獻，對相關事件的表述，連公認客觀的維基百科都有錯誤之處。歷史論斷中的一面之詞很難被打破，是因為對於聽者不願採信的說法，任憑講者證據充分亦充耳不聞，因為那不在他的採信體系之中。可能只有聽者一貫篤信的認知，被來自其認知體系本身的證據來打破並重構，方得公正。除此之外，只能有賴於像銀元這樣存留於世的實物證據。

　　不管如何，像張之洞這樣洋務派的後起之秀、體制內的開明大員，還是繼承了魏源等"經世派"提出的"師夷長技"的思想，並進而提出"師夷長技以制夷"，這一目標雖然沒有達到，但還是間接地推動了社會的進步，實現了經濟層面的改革，為腐朽的大清帝國帶來了一些新的氣象，也開創了一些從未有過的行業領域，鑄幣業雖只是其中之一，但事關經濟基礎，意義重大。

　　光緒十三年，在兩廣總督任上的張之洞向清政府奏請並得到批准，購買英國喜敦造幣廠的造幣設備，在廣東率先設立錢局首鑄機製錢幣以抑外幣。其後，各省紛紛仿效，購置國外造幣機械鑄造銀元。當時機器鑄幣如火如荼，全國共有十九個省局參與鑄

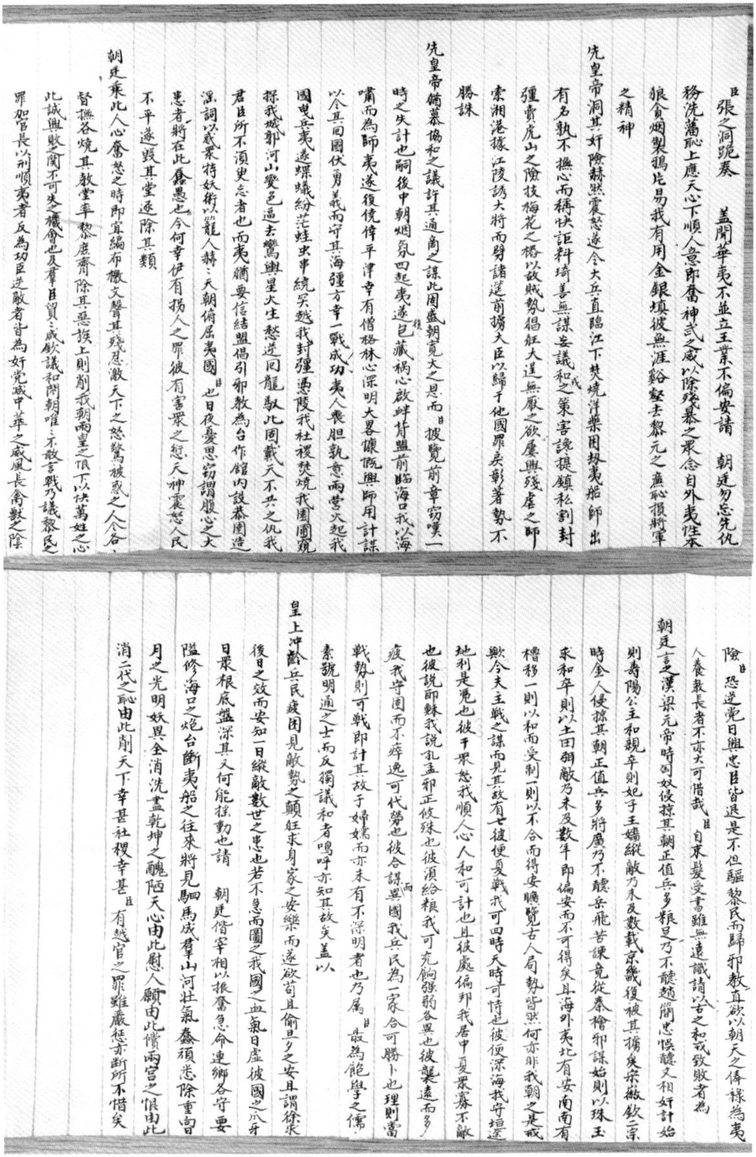

臣張之洞跪奏
蓋聞華夷不並立王業不偏安請　朝廷勿忘先仇
務洗舊恥上應天心下順人意即奮神武之威以除殘暴之衆念自外夷性本
狼貪烟毒鴉片易我有用金銀塡彼無涯谿壑去黎元之羞恥損將軍
之精神
先皇帝洞其奸險赫然震怒遂令大兵直臨江下焚燒洋藥困扼夷船師出
有名孰不撫心而稱快詎料琦善無謀妄議和之策害諂媚提鎮私割封
疆貴虎山之險棄梅花之橋以致賊勢猖狂大運無厭之欲屢興殘虐之師
索湘港據江陵誘大將而劫諸逆前擄大臣以歸于他國罪戾彰著勢不
勝誅
先皇帝猶慕協和之議許其通商之謀此固盛朝寬大之恩而臣　披覽前章竊嘆一
時之失計也嗣後中朝烟氛四起夷遂包藏禍心啟衅背盟前臨海口我以海
嘯而為師夷遂復據俾平津幸有僧格林心深明大略慷慨興師用計謀
以全其國伏勇義而守其海疆方幸一戰成功夷人喪胆孰意兩營火起我
國兵兵夷遂蟬蠍紛茫蛙虫串統突越我封疆憑陵我社稷焚燒我園囿殘
掠我城郭河山變色逼去鑾輿皇太生愁逆回龍馭此固戴天不共之仇我
君臣所不須臾忘者也而夷猶要信結盟倡引邪教為台作館內設恭團造
謠詞以惑衆特妖術以籠人驕驕天朝俯屈夷國　臣日夜憂思竊謂腹心之大
患者將在此蠢愚也今何幸伊有攢人之罪彼有害衆之愆天神震怒人民
不平遂毀其堂逐除其類
朝廷乘此人心奮怒之時即宜編布檄文聲其殘忍激天下之怒驚被惑之人令各
督撫各燒其教堂率黎庶齊除其惡族上則削我朝兩皇之恨下以快萬姓之心
此誠興敗之關不可失之機會也及聞羣臣貿貿或欲議和閉關唯唯不敢言戰乃議黎民之
罪加官長以刑順夷者反為功臣逆敵者皆為奸黨滅中華之威風長禽獸之陰
險臣恐逆黨日興忠臣皆退是不但驅黎民而歸邪教直欲以朝天之儔隸為夷
人養教長者不亦大可惜哉　臣自束髮受書雖無遠識請以古之和戎致敗者為
朝廷言之漢梁元帝時匈奴侵掠其　朝正值兵多糧足乃不聽趙簡忠悃讜言相奸計始
則壽陽公主和親卒則妃子王嬙縱敵乃未及數載京畿復被其擄矣宋徽欽二宗
時金人侵掠其朝正值兵多將廣乃不聽岳飛苦諫竟從秦檜邪謀始則以珠玉
求和卒則以土田弭敵乃未及數年即偏安而不可得矣且海外夷比有安南南有
穡移一則以和而受制一則以不合而得安臣覽古人局勢皆然何亦非我朝之是戒
歟今夫主戰之謀而見其效有七彼便夏戰我可四時天時可恃也彼便深海我守垣邊
地利是恃也彼干衆怒我順人心人和可討也且彼處偏邦我居中夏衆寡不敵
也彼說即蘇我說孔孟邪正攸殊也彼須給糧我可充餉強弱各異也彼襲遠而多
疲我守固而不瘁逸可代勞也彼合謀異國我兵民為一家合可勝卜也理則當
戰勢則可戰即計其效于婦孺而亦未有不深明者也乃屬　臣最為能學之儒
素號明通之士而反獨議和者嗚呼亦知其故矣蓋以
皇上沖齡兵民疲困見敵勢之顛狂求身家之安樂而遂欲苟且偷旦夕之安且謂徐求
後日之效而安知一日縱敵數世之患也若不急而圖之我國之血氣日虛彼國之爪牙
日衆根底盤深其又何能搖動也請　朝廷偕宰相以振奮急命連鄉各守要
隘修海口之炮台斷夷船之往來將見驅馬成羣山河壯氣蠢頑悉除重昌
月之光明妖異全消洗盡乾坤之醜陋天心由此慰人願由此慣兩宮之恨由此
消二代之恥由此削天下幸甚社稷幸甚　臣有越官之罪雖嚴　廷亦斷所不惜矣

兩廣總督張之洞的奏疏（部分）

造，除中央戶部，地方省所鑄錢幣皆在其正面上緣鐫寫省名，以便進行鑄造數量上的控制。

　　本節收錄的這枚銀元標註的出處是江南省，然而當時江南省早已只是個傳說了。這是啥情況？清代的江南省前身是明代的南直隸江南省，範圍大致相當於今天的江蘇省、上海市和安徽省。清朝順治二年（1645 年）設立江南省，省府位於江寧（今南京市）。康熙六年（1667 年）清廷撤江南省，分設江蘇和安徽兩個省，而上海市是 1927 年才從江蘇省分設出來。當時洋務運動的核心地區就是早已被裁撤的江南省，清政府的第一兵工廠——大名鼎鼎的江南製造總局，還有安慶內軍械所、輪船招商局、機器織布局都在這一區域內。

　　南京造幣廠將其鑄造的銀元標明“江南省造”，是因為當時蘇州已經有一個專鑄機製銅元的造幣廠，其鑄造的銅元均標明“江蘇省造”。為避免混淆，更為了彰顯洋務運動的存在與成就感，南京造幣廠使用了已經裁撤了兩百三十三年的省名稱，將其標明為“江南省造”。

　　江南省造光緒元寶庫平七錢二分，係南京造幣廠於光緒二十六年（1900 年）鑄造。銀元正面中珠圈內鐫滿漢文“光緒元寶”四字，圈外上端鐫“江南省造”，下端鐫幣重“庫平七錢二分”，左右兩側分鐫干支紀年“壬寅”二字。銀元背面中鐫一個珍珠龍，上端鐫英文“江南省”，下端鐫英文幣重“庫平七錢二分”，左右兩側分別鐫一個長六花星。

第四章

窮奢極慾

廣東省造光緒元寶雙龍壽字幣

對英法戰爭的慘敗，以及首都被佔領，使得本來身子骨就不好的咸豐皇帝躲在熱河行宮吸着鴉片日日哀歎，很快就重病纏身，每日暢飲鹿血也無濟於事，剛滿三十歲就駕崩，此後中國再無掌管實權的皇帝。繼任的同治皇帝更是十九歲就病故，惶恐不安的清廷想必對於"壽"字是相當推崇與渴望。然而將此字作為流通貨幣的主題，也當真是應了壽字的內涵——"活久見"。

廣東省造光緒元寶壽字雙龍幣有三種版式——庫平重一兩幣和庫平七錢二分幣，以及沒有"分"字的"七錢二"幣。三種版式的錢幣設計風格一樣，但是在細節上有很多區別。本書刊錄的為庫平七錢二分幣，此幣正面珠圈外上端鐫"廣東省造"四字，下方為"庫平七錢二分"六字，左右兩側各鑄一蝙蝠圖案，為"福"之諧音，珠圈內鑄滿、漢文"光緒元寶"四字；背面珠圈外鑄有雙龍圖案，裏面鑄有一圓形"壽"字。由於以上三種版式的壽字雙龍幣中，廣東省造光緒元寶壽字雙龍庫平重一兩，不便於流通使用，故鑄額極其稀少，大多奉獻給清廷或贈於當時的朝廷大員；七錢二分幣因為"分"字，有人牽強附會認為不喜慶，試鑄後很快去掉了此字，因而更為罕見。標註"庫平七錢二"的銀元為當時通行的壹圓型流通幣，其鑄造量和存世量均大於其他兩種而較為常見。

此幣鑄造之時，在位的光緒皇帝不過二三十歲，按照中國傳統還沒到祝壽的年紀。那麼，鑄造此幣是給誰祝壽呢？毫無懸念，只能是當時執掌大清權柄的慈禧太后。

慈禧太后（1835 年 11 月 29 日—1908 年 11 月 15 日），本名為葉赫那拉氏，是咸豐帝的妃嬪，同治帝的生母。

咸豐皇帝死後，皇子載淳即位，定年號"祺祥"。葉赫那拉氏稱慈禧皇太后，與皇后鈕祜祿氏（當時的中宮皇后慈安）並尊為皇太后。顧命八大臣奉咸豐帝遺詔"總攝朝政"，然而權力慾極強的慈禧對此非常不滿，於是聯合在京主持和談的咸豐皇帝的弟弟恭親王奕訢，利用咸豐帝的靈柩回京的機會發動"辛酉政變"，設計逮捕了八大臣，判處怡親王載垣、鄭親王端華自裁，肅順斬立決，其他人革職。奕訢則被封為議政王。

1861 年 12 月 2 日，改年號"同治"，兩宮太后御養心殿，垂簾聽政。執政初期，慈禧在奕訢的輔佐下，整飭吏治，重用漢臣，依靠曾國藩、左宗棠、李鴻章等漢族地主武裝；又在列強支持下，先後鎮壓了太平天國、捻軍、苗民、回民起義，緩解了清朝的統治危機。她又重用洋務派，以"自強"和"求富"為方針，發展一些軍用、民用工業，訓練海軍和陸軍以加強政權實力。客觀上對中國的近代化起到了一定積極作用。這一時期，內亂稍定，外交上也沒有繼續吃大虧，軍事實力有所提高，工商業也有了初步發展，財政收入比"康乾盛世"大增數倍，史稱"同治中興"。

同治十一年（1872 年），皇帝載淳已十七歲，慈禧不得已為他選后，並允許同治帝親政。次年，兩宮太后捲簾歸政，但同治帝親政後仍難擺脫慈禧的干預。慈禧為了享樂，授意同治帝修繕圓明園的一部分以供其居住，即為頤和園。

1875 年 1 月，同治帝病逝。慈禧立她的姪子（丈夫的姪子）兼外甥、四歲的愛新覺羅‧載湉為帝，改年號為"光緒"，兩宮太后再次垂簾聽政。1881 年慈安太后去世。

1884 年 4 月 8 日，慈禧發動甲申易樞朝局之變，將以恭親王奕訢為首的軍機處大臣全班罷免，開始了一人的西宮獨裁。

1889 年 2 月，光緒大婚，名義上由光緒帝親政，慈禧又訓政了數年。在訓政結束後，朝內一切用人行政，仍出其手，"上（光緒帝）事太后謹，朝廷大政，必請命乃行。"

1894 年，醇親王藉慈禧六十壽辰擬在頤和園受賀，仿康熙、乾隆年間成例，自大內至園，路所經，設彩棚經壇，舉行慶典。挪海軍經費，繕修頤和園，佈置點景，廣收貢獻。

是年，適逢日本因為爭奪對朝鮮的控制權而即將開戰。光緒主戰，慈禧亦表現得頗為積極，"不准有示弱語"。但是，當有人提出停止頤和園工程，停辦景點，移作軍費的時候，慈禧卻大發雷霆，說出了"今日令吾不歡者，吾亦將令彼終生不歡"的名言。後來，清軍在朝鮮戰場上接連失利，北洋水師在黃海之戰中又遭受嚴重挫折。為了不影響自己的六句慶典，慈禧希望外國出面干涉，儘快結束戰爭。她支持李鴻章避戰求和的方針，以各種

藉口，打擊以光緒為首的主戰派。

　　由於形勢日益緊張，面對朝野上下的重重壓力，她無法再一意孤行，大擺排場，不得不縮減了生日慶典的規模。在金州、大連相繼陷落，旅順萬分危急的情況下，慈禧在紫禁城內的寧壽宮度過了她並不太平的六十歲生日。

　　次年 2 月 7 日，威海衛日艦及炮台夾攻劉公島，北洋水師全

中日甲午海戰前清廷挪海軍軍費所建石舫（上圖）和日軍旗艦吉野號（下圖）對比

軍覆沒。中國海陸兩個戰場均遭失敗。3月，慈禧派李鴻章為全權大臣，赴日乞和。李在日本被浪人刺殺，臉部中槍而倖存。4月17日簽訂了中國歷史上空前屈辱的條約——《馬關條約》，中國放棄對朝鮮宗主國地位，賠款兩億兩白銀，割讓遼東半島（在俄、德、法等西方列強干涉下，後以白銀三千萬兩贖回）、台灣、澎湖列島，開放四個通商口岸，允許日本在通商口岸開礦設廠。

甲午戰爭失敗後，清帝國的羸弱已充分暴露，列強爭先恐後地掀起侵略中國的狂潮。為了救亡圖存，當時的有志之士發起維新變法（史稱“戊戌變法”），對於變法，慈禧希望強國但又擔心光緒會藉變法脫離她的控制，最初她表示完全支持，但隨後把軍權、用人權都抓在自己手中。

1898年6月，光緒皇帝發佈“明定國是”上諭（即《明定國是詔》），實行變法。光緒帝的變法觸動了滿洲舊勢力貴族和眾多封建官僚的利益，他們聚集起來，竭力反對變法。在變法三個多月後，慈禧等人率先發動戊戌政變，結束“百日維新”，拘禁光緒皇帝，並處死了主張變法的譚嗣同等六人。

戊戌政變後，中國北方興起旨在排外的義和團運動，慈禧最初主剿，但鎮壓屢屢失敗，義和團迅猛發展並進入北京。此時有病亂投醫的慈禧誤信義和團刀槍不入的吹噓，意圖利用義和團對抗列強，宣稱對“彼等”“大張撻伐、一決雌雄”，清軍和義和團圍攻使館，列強迅速組成八國聯軍，從天津登陸馳援。慈禧的決定，遭到了劉坤一、張之洞等地方督撫的反對，他們聯名電奏清廷，力主剿滅義和團，並與列強訂立條約，實行"東南互保"。慈禧在這樣的情況下，一方面要求各省將軍督撫認真佈置戰守事宜，繼續利用義和團圍攻使館、抗擊八國聯軍；另一方面，她令榮祿前往使館慰問各國使臣，又分別致國書於俄、英、日、德、美、法等國元首，請他們出面"排難解紛"、"挽回時局"，並將兩廣總督李鴻章調任直隸總督兼北洋大臣，準備與列強談判。看似矛盾的做法，實為利用義和團，來獲得列強對染指中國的一定退讓。

策劃"戊戌變法"的主要人物（部分）

　　然而事情卻未能如她所願，義和團和清兵的武力不堪一擊，百姓隔岸觀火。1900 年 8 月 14 日，八國聯軍攻入北京；次日凌晨，攻紫禁城東華門，慈禧帶着光緒帝一路逃往西安，令奕劻、李鴻章為全權大臣，與列強進行談判，把戰爭的責任推到義和團身上，下令對義和團“痛加剿除”。1901 年 2 月 14 日批准《議和大綱》，並發佈上諭，表示要“量中華之物力，結與國之歡心。”同年 9 月 7 日與十一個國家簽訂了《辛丑條約》，規定按照當時中國人口的數量賠款 4.5 億兩白銀，即每人賠一兩，39 年內本息共計賠款 9.8 億兩白銀，懲辦主戰官員，拆除大沽到北京沿線所有炮台等。同年 10 月 6 日，慈禧發卒數萬人，帶行李車三千輛，從西安出發，出潼關經河南、直隸，歷時三月，於 1902 年 1 月 8 日回到北京。

　　此後三年，日俄戰爭爆發。進行了君主立憲改革的日本作為一個亞洲後起的小國，居然戰勝了老牌的大帝國俄國，這是戰前很多保守派乃至大多數普通中國人做夢都想不到的。這場戰爭在改變了遠東的政治格局和實力對比，給中國帶來巨大災難的同時，也給了國人一次巨大的刺激，在亡國滅種的危機感之下，開始認識到了憲政對於富國強兵、救亡圖存的巨大意義，甚至有人聲稱：此非日俄之戰，而立憲專制二政體之戰也。流亡海外，一直鼓吹憲政的康有為和梁啟超，趁機和國內的立憲派聯合起來，鼓動輿論，要求清政府進行憲政改革。

　　與此同時，國內革命運動也愈發高漲。為了維持統治，慈禧作出要立憲的姿態。1905 年派五大臣出洋考察，1906 年又宣佈預備立憲，1908 年頒佈《欽定憲法大綱》，內容仿照德國和日本的憲法，維護皇帝"君上大權"。

　　但是這個改革來得太遲了，光緒皇帝和慈禧都在當年，即 1908 年先後去世，三年多後，清朝滅亡。

　　迄今慈禧已去世百餘年，但其罔顧國情，生活奢靡，貪圖個人享樂的證據留傳了下來：這塊銀元印證了一個歷史事實：在國家民族危亡之際，以慈禧太后為首的統治者仍然在歌舞昇平地慶祝生日，視國家財政為個人腰包，居然還在全國發行的貨幣上堂而皇之地為個人祝壽。

　　這樣的統治者似乎應當被釘上歷史的恥辱柱而遺臭萬年，百年來的歷史書籍通常都評價如是。然而正確的史觀不能建立在"事後諸葛亮"的上帝視角，或怒其不爭的完美主義之上。試想，如果慈禧去世早二三十年會如何？那中國有可能因權力真空而大亂，被列強趁機瓜分殆盡。所以說對歷史人物的評價應當設身處地，功過分明。慈禧在清朝屢屢被列強羞辱而顏面盡失的情況下，仍然大講排場過六十大壽，雖然有其驕奢的一面，但對於維持其在普通百姓和洋人面前的地位和尊嚴，以繼續保持對朝野上下的威懾力，客觀上具有一定積極意義。另外，為祝壽而修建頤和園，也是當時光緒皇帝等各方明爭暗鬥的政治勢力的共同願

望，背後有着許多的考量，是那個特定歷史時期的必然結果，實非清朝衰敗之根本原因。

　　慈禧最初入宮時，清朝就是個積貧積弱，對外交往被動捱打並已經割地賠款的爛攤子。慈禧在皇族子嗣匱乏且幼稚的情況下，把持朝政近半個世紀，有效地駕馭和牽制各大親王與滿漢大臣，主導洋務運動和後續的多次改革，並利用列強之間的矛盾來互相制衡，以極弱的國力維持了領土的大致完整和主權的相對獨立。慈禧其實並不擁有絕對的權力，其背後的滿清守舊貴族力量非常龐大，以致在戊戌變法中，原本支持光緒皇帝變法的慈禧，在感受到即將失去權力的威脅後，快速調轉方向，鎮壓變法人士。在慈禧去世後，其政治遺產——已經確定的內閣制度也被守舊貴族迅速地異化成“皇族內閣”，導致人心盡失，從而喪失了最後一次改良機遇。

　　由此可見，國家幾千年的專制統治、幾百年來的固步自封、社會各階層的極端分化、無休止的對立與內耗，才是近代中國落後於西方，且長期昧於世界大勢並格格不入的主因。意外走上權力巔峰的慈禧，因私慾旺盛，一再濫用權柄，上行下效，以致出現地方官員為加官晉爵，揣摩上意，鑄造本應嚴肅的國家貨幣來祝壽的阿諛奉承之舉，嚴重破壞了政治生態和社會風氣。慈禧太后作為一個不大稱職的帝國實際執掌者，還試圖扶大廈於將傾，其結果不言自明。

第五章

尾大不掉

北洋造光緒元寶

　　洋務運動產生了新的政治勢力，並逐漸壯大。清末至民國期間，稱江蘇省以北的山東、河北、遼寧沿海各省為“北洋”，而稱江蘇及以南沿海各省為“南洋”。這本來是一個地區名，清末設立“北洋大臣”和“南洋大臣”，負責管理南北洋務，因此全名為“北洋通商大臣”與“南洋通商大臣”。其中北洋通商大臣原由管轄範圍不大的三口通商大臣而來，同治年間清廷裁撤三口通商大臣，另立北洋通商大臣，特別由直隸總督經營。處於京畿要地的北洋勢力逐漸坐大，以至於實際上常常代替總理衙門成為國家外交的總代表。後來屢見於史書的“北洋”兩個字，已經漸漸不再是一個地域名稱，而是越來越成為執行洋務運動的行政、軍事機構或者說領域。比如北洋有着明顯的核心行政地，即天津，乃至整個直隸省即現今的河北省，還有山東省，以及東北的奉天，都屬於北洋的勢力範圍；而且有着相對獨立的軍事力量，比如北洋新軍和北洋艦隊。這些軍隊大多以漢人為首領，有先進的思想、新式的軍隊和穩定的團體。在洋務運動之後，新軍成了清政府的主要軍事力量。既有兵權又有地方行政權的“北洋系”自然成為國防、外交上的重鎮，終成清政府難以駕控的一股巨大政治力量，深刻影響了清末乃至民國政治的走向。

　　清末的北洋大臣，即北洋派的首領先是李鴻章，後為袁世凱。前一位在北洋大臣的位置上一幹就是二十八年，後一位更是位高權重，以至晚年冒天下之大不韙，僭越稱帝，引得身後爭議無數。欲明白袁世凱為何在晚清及民國初年有不可替代的影響力，有必要從頭了解其人其事。

袁世凱出身河南項城的一個大家族，袁世凱六歲時，養父袁保慶為他找了個啟蒙老師袁執中教四書五經，後又隨袁保慶宦遊濟南、揚州、南京諸地。在南京，袁世凱師從曲沼學習武藝，並"喜遊覽山水，復善騎射"。他自小喜愛兵法，立志學"萬人敵"，嘗自謂"三軍不可奪帥，我手上如果能夠掌握十萬精兵，便可橫行天下。"他還常常不惜重金搜羅購買各種版本的兵書戰策，被人譏笑為"袁書呆"。十三歲時，曾製一聯"大野龍方蟄，中原鹿正肥"。這寥寥數字，充分體現了袁世凱的雄心。

1873 年夏，袁保慶病死於南京任上，袁世凱扶柩回籍安葬，其後居住於陳州府淮陽縣。1874 年初，從叔袁保恆（袁甲三之子）見袁世凱遊手好閒，命其赴北京家學"讀書上進"。從同治十三年到光緒三年，他在北京正正經經讀了四年書，長進很大。他自稱那幾年，一心要博一個功名，但讀書累到吐血，都沒考取一個舉人，這是他一生最大的遺憾。1876 年秋，袁保恆兄弟命袁世凱返回河南參加科舉考試，沒有成功。1879 年，袁世凱再度參加鄉試，仍未考中，他一怒之下把詩文付之一炬，忿然說道："大丈夫當效命疆場，安內攘外，豈能齷齪久困筆硯間，自誤光陰耶？"

袁世凱既兩度名落孫山，又不願留在鄉間作土財主，就決心在外闖蕩。當時他曾作詩《感事》一首以自勉："眼前龍虎鬥不了，殺氣直上干雲霄。我欲向天張巨口，一口吞盡胡天驕。"此詩被認為是他青年初期便志向遠大的表現。當時淮軍將領吳長慶與袁世凱的養父袁保慶"訂兄弟之好"，所以袁世凱打算投奔吳長慶。吳長慶為了報答袁保慶的恩情，此時也寫信給袁世凱，"招其往學軍旅"。因此袁世凱便於 1881 年 10 月前往山東登州投奔駐防當地的吳長慶。吳長慶幕府中囊括了張謇、周家祿等名士，袁世凱在他們的指導下砥礪磨練，紈絝之氣逐漸消失，"謙抑自下，頗知向學"，並認為是"有造之士"，於是被破格任命為幫辦營務處。袁世凱雖然一度對科舉厭倦，但他仍不甘心，在吳長慶幕府中繼續讀書，準備功名，他曾經在 1882 年 3 月對其三哥袁世廉寫信說："弟不能博一秀才，死不瞑目"。1882 年（壬午年）正好為鄉試年，袁世凱本欲應舉，但清朝屬國朝鮮突發事變，改變了袁世凱的人生軌跡。

1882 年，朝鮮發生壬午軍亂，朝鮮國王李熙（朝鮮高宗）之父興宣大院君李昰應利用軍隊嘩變，成功奪權；朝鮮王妃閔妃一黨與大院君有隙，請求清廷出兵平亂，袁世凱乃跟隨吳長慶的部隊東渡朝鮮。袁世凱率領一支清軍配合行動，殺死了幾十名兵變參與者。戰鬥中，袁世凱一路放槍，帶頭衝在最前面，他的堅毅勇敢感染了部下，兵變很快得以平定。吳長慶在給清廷的呈報中將他大加讚揚了一番，說他"治軍嚴肅，調度有方，爭先攻剿，尤為奮勇"，報以首功。隨後清軍將大院君擄至保定問罪，當年

青年袁世凱

二十三歲的袁世凱則以幫辦朝鮮軍務身份駐藩屬國朝鮮，協助朝鮮訓練新軍，開啟了袁世凱練兵的先河。袁世凱留鎮朝鮮期間，得到了朝鮮上下的一致好評，朝鮮人士稱讚他："明達夙成，留京師（漢城）期年，大得都民之心"。他也和金允植、金炳始等多名朝鮮士大夫結為忘年之至交。他在朝鮮被稱為"袁司馬"。

1884 年金玉均等"開化黨"人士發動甲申政變，試圖推翻"事大黨"把持的政權，駐朝日軍亦趁機行動欲挾制王室；國王李熙派人奔赴清營求助，袁世凱指揮清軍擊退日軍，維繫清廷在朝鮮的宗主權及其他特權。袁世凱平定了朝鮮甲申政變有重大意義，打退了日本的滲透勢力，粉碎了日本趁中法戰爭之際謀取朝鮮的企圖，推遲了中日戰爭爆發的時間。袁世凱因這一事件受到清直隸總督兼北洋大臣李鴻章的重視。

　　袁世凱於 1885 年初歸國，賦閒在家，以避攻擊。但是李鴻章決定重用袁世凱，命袁世凱於 1885 年 10 月護送大院君回朝鮮，同年 11 月又封年僅二十六歲的袁世凱為"駐紮朝鮮總理交涉通商事宜大臣"，位同三品道員，左右朝鮮政局，儼然朝鮮的太上皇。袁世凱在朝鮮期間的任務是在"各國通商"、"友邦環伺"的情況下，使朝鮮"明尊親之義，定搖惑之志，內修政治，外聯邦交"，換言之，即強化清朝和朝鮮的宗藩關係，防止朝鮮獨立自主的傾向和日俄等國的窺伺。由此袁世凱不可避免地干涉朝鮮內政，甚至不止一次策劃廢黜朝鮮國王李熙。袁世凱干涉朝鮮內政的做法引起了朝鮮國王和一些大臣的不滿，清廷中也不斷有人彈劾他。但有心培養人才的李鴻章力排眾議，不僅讓袁世凱繼續留朝任職，並於 1890 年 2 月給袁世凱寫了"血性忠誠，才識英敏，力持大局，獨為其難"的評語。袁世凱在朝鮮的十二年間，雖然由於其年輕氣盛而採取一些過激、粗暴的手段，但有效地遏制了日本和沙俄對朝鮮的滲透。

　　1894 年，朝鮮爆發東學黨起義，袁世凱暗示朝鮮政府向清政府乞援。隨後日軍迅速出動朝鮮，企圖挑起戰爭。甲午戰爭爆發前夕的 7 月 19 日，袁世凱化裝成平民逃走，7 月 22 日抵達天津。袁世凱回國後，又於 8 月 6 日奉旨前往遼東前線，協助周馥轉運糧械、收集潰卒等後勤事宜，至次年 5 月請假回籍省親。在前線的這十個月間，通過目睹甲午戰爭中清軍兵敗如山倒的慘狀，袁世凱萌生了用西法練兵的設想，他說：“竊查此次軍興，往往易為敵乘，迭見挫敗者，雖由調度之無方，實亦軍制之未善，若不權時度勢，掃除更張，參用西法，認真訓練，則前車之鑒，殊足寒心。”因袁世凱在朝鮮時期表現突出，有“知兵”之名，再加上他大力主張練兵，由此開始了小站練兵的新階段。

　　1895 年 6 月底，在三名封疆大吏聯名保薦下，光緒帝下旨命已回籍的袁世凱入京覲見。袁世凱又在 8 月底以一封萬言條陳呈送皇帝，提出了一個完整的改革綱領，其內容為儲才九條、理財九條、練兵十二條、交涉四條，充分體現出袁世凱的改革思想。

天津小站練兵

其中袁世凱尤其重視練兵，他"深知抓到督練新建陸軍之事，前程不可限量"，不僅在給光緒帝的萬言書中提出十二條西法練兵主張，還草擬了編練新建陸軍章程，"大旨則步軍操法以師法德國為主"。他的主張得到光緒帝及朝廷大臣的支持，1895 年 12 月 8 日（光緒二十一年），奕訢、榮祿等王大臣聯名奏請派袁世凱督練新建陸軍，同日光緒帝予以批准，袁世凱正式入主天津小站，開始用西法編練中國首支新式陸軍。

從入京觀見到小站練兵這段期間，袁世凱積極為維新變法奔走，他加入了康有為、梁啟超等發起的強學會，與康梁等維新派過從甚密，還有史料表明對其慷慨捐款，這也使維新派將他引以為同路人，為後來的戊戌告密事件埋下了伏筆。這時的袁世凱，還是以一副體制內的開明改革派面貌示人。

袁世凱派人到魯、蘇、皖、豫等地招募 2250 名步兵、300 名騎兵，再加上 4750 名定武軍，稱"新建陸軍"，作為他小站練兵的兵源。袁世凱的小站練兵以德軍為藍本，制訂了一整套近代陸軍的招募制度、組織編制制度、軍官任用和培養制度、訓練和教育制度、糧餉制度等內容的建軍方案。在軍事裝備上，袁世凱注重武器裝備的近代化和標準化，大膽採用西方的先進技術，強調實施新法訓練的嚴格性。這股軍隊後來發展成為北洋六鎮（鎮為數量單位，共六個），為清末陸軍主力，民國初年的北洋軍閥亦多源自清末新軍。袁世凱聘德國軍官十餘人擔任教習，又從天津武備學堂中挑選百餘名學生任各級軍官，並引用和培植一批私人親信，以加強對全軍的控制。這些人以後大都成為清末民初的軍政要人，如徐世昌、段祺瑞、馮國璋、王士珍、曹錕、張勳等。北洋新軍逐漸成為袁世凱個人的政治資本，使其成為北洋政府的始祖。

1897 年，袁世凱擢升直隸按察使，仍主持小站練兵。1898 年 9 月，袁世凱升任工部右侍郎，奉旨入京陛見，隨後捲入了政治風暴中。當時光緒帝重用康有為、梁啟超、譚嗣同等維新派實行戊戌變法，與慈禧太后為首的頑固派（后黨）勢成水火。康有

袁世凱小站練兵時的部下

為等維新派（帝黨）從一開始就寄希望於袁世凱，在 7 月底就派徐仁錄前往小站聯絡袁世凱，試探其態度。康有為判斷袁世凱"為我所動"，乃舉薦袁世凱為侍郎。9 月 18 日（陰曆八月初三），康有為等人得到光緒帝"朕位且不能保"的密詔，深感局勢緊迫，於是鋌而走險，決定包圍頤和園，控制居住其中的慈禧太后，並殺死慈禧寵臣直隸總督榮祿，而這一任務則被維新派委託在袁世凱身上。當天夜晚，譚嗣同進入袁世凱寓居的法華寺，將"圍園劫太后"的任務告知袁世凱，並脅迫袁世凱動員新建陸軍來實施維新派的計劃，袁世凱不得已答應了維新派的請求，打發走了譚嗣同。9 月 20 日（八月初五）上午，袁世凱受到光緒帝召見，同日乘火車到天津。9 月 21 日（八月初六）晨，慈禧太后從頤和園入紫禁城，宣佈臨朝訓政，罷斥康有為等維新派，戊戌變法遂告失敗。

以往一般認為，袁世凱回到天津後向榮祿告密導致了慈禧發動政變，但諸多史料證明這並不屬實。慈禧發動政變與袁世凱告密沒有關係，但是袁世凱確實有告密之舉。他來到天津後，從后黨御史楊崇伊那裏得知慈禧即將上台的情報，懼怕譚嗣同勸其出兵圍攻慈禧太后一事暴露後牽連自己，遂向榮祿告密，使慈禧得知維新派的計劃，加重了政變的後果。所以在戊戌政變起初，慈禧太后只是斥責康有為"莠言亂政"，停職待參，並未言及譚嗣同等人；而袁世凱告密導致的結果便是慈禧下令逮捕康梁諸人，並誅殺譚嗣同等戊戌六君子，囚禁光緒皇帝於瀛台。但維新派的計劃，即便袁世凱不告發，也難熬過后黨的調查與審訊。

袁世凱並不支持維新派的激進之舉，也深知用新建陸軍從天津赴京來"圍園劫太后"無異於以卵擊石，而且是當時社會的大逆不道之罪。他是被動地被捲入宮廷鬥爭，其告密可視作權衡局勢下的自保之舉。此事亦成為袁世凱的一大名譽負擔，他後來不得不寫《戊戌紀略》（戊戌日記）來為自己辯解。

八國聯軍入侵北京時的百姓

　　不管是否因為告密，總之袁世凱此後獲得了后黨的信任，地位扶搖直上。1899 年冬，袁世凱由工部侍郎升任山東巡撫，這是四十歲的袁世凱首次出任封疆大吏。在此前後，他的新建陸軍也從天津小站調往山東境內佈防，使其躲過了後來的八國聯軍，得以迅速擴大，成為袁世凱最具實力的政治資本。

　　1900 年 8 月，八國聯軍陸續攻入天津和北京，解了大使館被圍攻五十六天之圍，之後與清廷談判賠償。山東在袁世凱治下則維持穩定，並且加入東南互保，從而免遭戰爭禍亂。

　　1901 年 11 月，原北洋大臣李鴻章因主導與列強談判，在無數的指責和唾罵中去世，袁世凱受命繼任，署理直隸總督兼北洋大臣，次年實授，一躍而成為中外所矚目的實力人物。

　　《辛丑條約》簽訂後，清政府迫於內外形勢，施行新政。袁世凱表示極力擁護。1901 年袁世凱在山東創建山東大學堂（今山東大學）。1902 年，袁世凱兼任政務處參預政務大臣和練兵大臣，在保定編練北洋常備軍（簡稱北洋軍）。次年，清政府在北京設立練兵處，袁世凱任會辦大臣，負責創辦武備學堂，並聘請大批日本軍官擔任教習。至 1905 年北洋六鎮編練成軍，每鎮一萬二千五百餘人，除第一鎮係滿洲貴族鐵良統率的旗兵外，其餘五鎮都在他的控制之下，重要將領幾乎都是小站練兵時期的嫡系軍官。同時，袁世凱還兼任督辦電政大臣、督辦鐵路大臣及會議商約大臣。在此期間，他在發展北洋工礦企業、修築鐵路、創辦巡警、整頓地方政權及開辦新式學堂等方面，都頗有成效。通過辦理新政，他得以“內結親貴，外樹黨援”，很快形成了一個以他為首的龐大的北洋軍事政治集團。袁世凱大力襄贊新政，包括廢科舉、督辦新軍、建學校、辦工業等，第一支中國警察隊伍亦於天津成立，也修建了中國第一條自主建造的鐵路——京張鐵路。

　　袁世凱為首的北洋集團勢力，已經大到使清皇室如芒刺在背、坐立不安的地步。“將步曹操、劉裕後塵”的預言也適時地在朝野上下流傳開來。1906 年，袁明哲保身，主動辭去各項兼差，並將北洋軍一、三、五、六各鎮交陸軍部直接管轄。1907 年，又被調離北洋，到北京任軍機大臣兼外務部尚書，成為中樞重臣。

　　話説北洋派所鑄的銀元，和其他省份所鑄造的相比，又有特殊之處。在天津鑄造的銀元，並不以天津或者直隷等實際産地作為印記，而是用了介於地理、行政區域和機構之間的概念“北洋造”。這充分顯示了長期處於袁世凱統攝之下的北洋派作為一股強大的政治勢力，隱隱表現出的霸氣。即便不清楚後來歷史走向，有心的讀者看到這裏，已經可以隱隱感覺到：大清帝國可能是給自己刨了個坑，不過這也是其無可奈何的發展走向。

　　本書收錄的北洋造光緒元寶鑄造於 1908 年，此年光緒皇帝和慈禧太后隔天相繼去世，而此時北洋派已經權傾朝野，所以此枚銀元可謂北洋崛起的歷史見證。

第六章

揚眉吐氣

雲南造光緒元寶新版

　　由於以科技水平為首要的各種原因，前文中晚清軍隊面對列強遠渡重洋的疲憊之師，除了伏擊使團外，逢戰必敗；不過面對在歐洲有着"陸戰之王"之稱的法國，竟打了一次勝仗。內地歷史教材上記載的老將馮子材率領軍隊取得的"鎮南關大捷"，就是其中的一場戰鬥。這場珍貴的勝利鼓舞了屢屢戰敗的中越兩國人民的士氣，意義和影響都相當深遠。並且，少有人知的是，戰爭的勝利，還催生出一枚凝聚着國人不屈氣節的銀元。

　　在開拓海外殖民地的道路上，法國緊隨英國，十分垂涎東南亞，通過扶植越南本土政權來不斷換取特權，如駐軍權和割讓港口。後來，為面對越南政府的政策突變，法國採取軍事報復手段，法國艦隊攻陷交趾的首府西貢（今胡志明市）。越南被迫於1862年，與法國簽訂《西貢條約》，把交趾南部割給法國。

　　法國並不滿足於既得的利益，而是試圖向北繼續開拓。1873年，法軍藉口商業權益受損，派出軍隊遠征越南北部的北圻。法國海軍甚至攻破河內城，俘虜並殺害了越南協辦大學士阮知方父子，史稱"北圻變故"。後法軍被越南軍隊和應越南政府邀請前來助戰、來自中國的黑旗軍聯合打擊，連法軍指揮官安鄴都被殺死。因此事件，法越簽訂第二次《西貢條約》。這時正值法國在普法戰爭中慘敗，暫時無力進行大規模的擴張行動，於是宣佈放棄北圻，越南則同意向法國開放紅河航道。

　　黑旗軍的領袖劉永福，是廣東欽州（今屬廣西）人，在19世紀 50 年代中國遍地民變時，劉永福是其中的一支，但他不像太平軍那些領袖有更大的政治理想。太平天國失敗後，清政府逐漸穩定了局勢，全國範圍內的農民起義走向了低潮。劉永福軍隊在中國無法立足，就率領他的部眾逃到越南。

　　劉永福率領黑旗軍進入越南時，正值越南北部地區盜匪猖獗，民不聊生。劉永福率領黑旗軍逐漸肅清匪情，並且"開闢山林，聚眾耕牧"，自耕自養，保護百姓，使這一地區出現了"烽煙不警，雞犬無驚"的安定局面，受到越南人民和政府的歡迎。越南國王也屢次頒發上諭嘉獎劉永福。劉永福這批約兩千餘人的綠林豪傑，使用黑顏色的旗幟，越南人因之稱他們為黑旗軍。黑旗軍這次大獲全勝，越南政府為表彰劉永福的戰功，任命他為"三宣副提督"，並破例鑄了一顆印有"山西、興化、宣光副提督英勇將軍"字樣的印送給他，以示尊崇。

　　法國當然不肯甘休，1882 年，海軍司令李威利由西貢率艦隊北上，在北圻登陸，攻陷河內，要求越南履行第二次《西貢條約》。越南向宗主國中國乞援，中國向法國交涉，兩國代表在天津簽訂《天津草約》。在草約上，法國同意紅河以北是中國保護區，中國承認紅河以南是法國保護區。但這個草約呈報給兩國政府時，立即受到反對，清廷認為這樣做等於瓜分越南，而且堅信黑旗軍是法軍的剋星；法國當局認為法國必須全部佔領越南，不能讓中國分一杯羹。

次年（1883 年），中法兩國同時宣佈草約無效。法國大軍即進攻越南首都順化，越南國防軍瓦解，國王阮福升（阮洪任的兒子）投降，與法國簽訂《順化條約》，承認法國是越南的保護國。

越南政府高層拒絕承認，把阮福升罷黜，另立他的兒子阮福吳當國王，一面派急使到中國求救。清廷的反應十分迅速，立即派遣援越遠征軍進入越南，在東京（今河內）附近的北寧府、山西府、興化府一帶佈防。可是等到法軍發動攻勢，援越遠征軍和被寄予厚望的黑旗軍，全部潰敗。清廷只好再與法國談判。

第二年（1884 年），中國代表李鴻章，法國代表福祿諾，在天津簽訂《李福協定》（或稱《天津簡明條款》）。

1. 中國軍隊從越南撤退。

2. 中國仍是越南宗主國，但不再過問法國和越南間所訂的條約。

3. 中國不向法國索取賠款。

然而，這草約再度受到兩國政府的反對，中國政府認為這樣等於出賣越南，法國政府認為中國仍保留宗主國名義，可能引起後患。

法國首先突擊越南東北邊境城市諒山，被中國援越遠征軍擊退，法國駐北京代辦謝滿祿就向清政府提出最後通牒，限中國在兩天內承諾賠償法國軍費八千萬法元（法郎）。清政府拒絕，謝滿祿逾期得不到回答，即下旗回國。

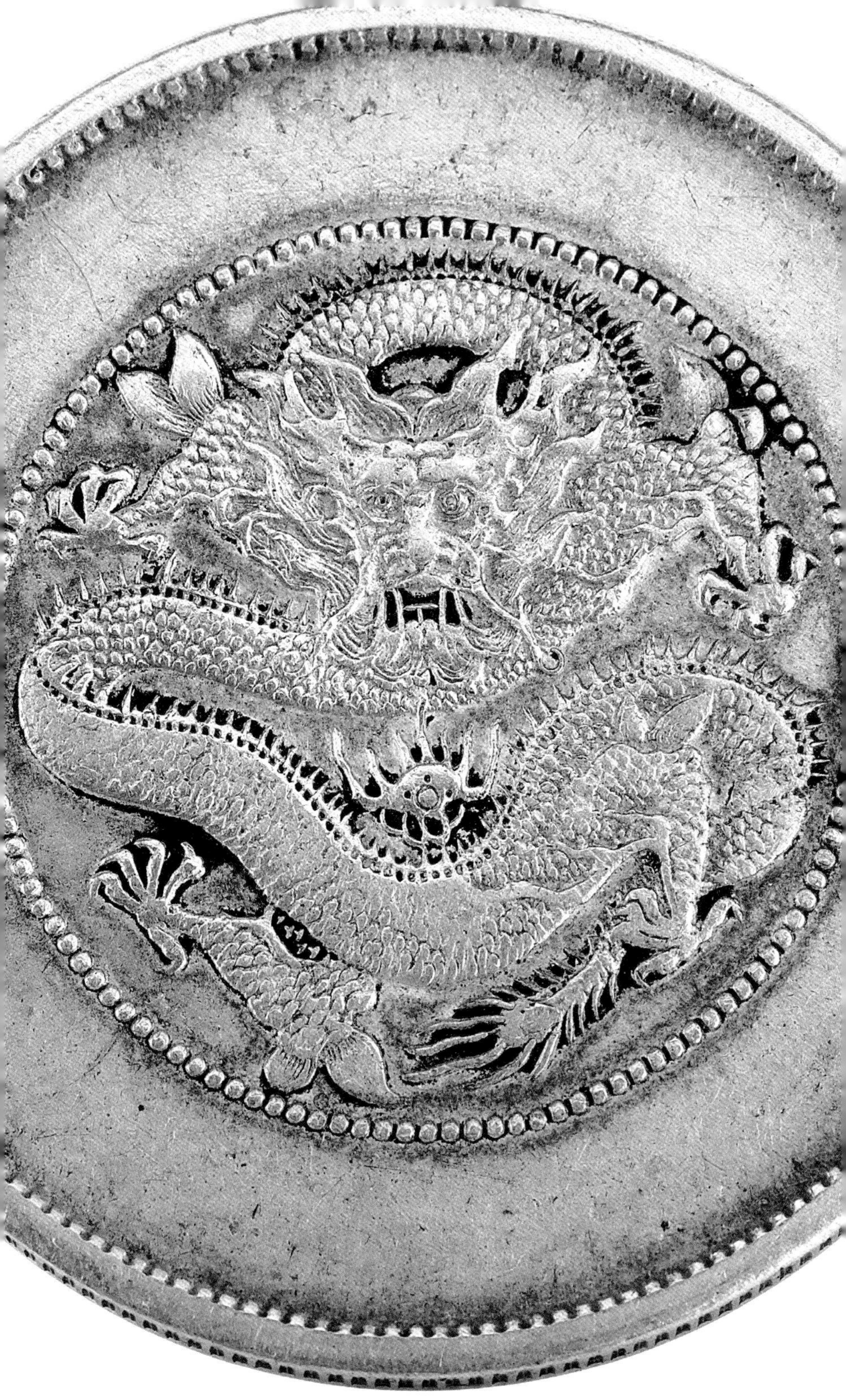

　　光緒皇帝下令各省備戰，而法國艦隊已開始發起攻擊。清政府的軍隊依然"發揮穩定"，停泊在福建福州閩江口的艦隊和號稱固若金湯的馬尾炮台，被闖進來的法國艦隊全部摧毀。得勢後的法國艦隊再攻擊台灣，在基隆登陸，佔領滬尾（今台灣淡水），封鎖台灣海峽，切斷中國南北海道。

　　1885 年，法國軍隊再在台灣海峽中的澎湖群島登陸。對手就是駐在福州北門黃華館欽差行轅的左宗棠。可惜，七十四歲的左宗棠在這個節骨眼上病逝了。不久，法國艦隊司令海軍中將孤拔也死在澎湖。他的死，中國說是被法國擊斃，法方說是害病逝世。但法國的陸軍從東京（今河內）向北進攻時，在中越邊界上的鎮南關（今友誼關），被一位因這一戰而成名的中國退休老將馮

清軍水師圖繪

子材組織軍民擊敗，並乘勝追擊，重佔諒山，進逼河內。

這對於一向習慣於勝利的法國，是一個人心震動的打擊，消息傳到巴黎的次日，法國內閣倒台。

就在這種情況下，中法接受調停，簽訂《越南條約》，承認《李福協定》，但取消中國是越南宗主國的條款，越南從此淪為法國的殖民地，中國雖然被迫放棄越南，但已盡了宗主國應盡的力量，沒有逃避責任。

當時，越南的嘉隆王朝，跟中國的清王朝，幾乎同等的腐敗和無知，對於外國的了解完全是睜眼瞎。這時候距鴉片戰爭已三十年，清政府應該了解通商貿易的本身，並不一定是一件有害國家的事情，應該鼓勵越南接受，但清政府非但沒有這樣做，還去

清軍水師圖繪

幫助越南利用黑旗軍阻撓紅河通航，即令阻撓成功，對於已經土崩瓦解的越南危局，實質上也沒有補益。幸而清政府乘着諒山的勝利，立即和解，否則法國非常有可能繼續佔領台灣、澎湖，造成割讓的事實。

經過這場戰爭，法國以及其他列強也都在被狠狠"打臉"中頓悟了：中國的民眾可不像他們的政府那樣腰包，所謂的散兵遊勇爆發出的戰鬥力遠遠超過無心戀戰的正規軍，至少在廣袤的西南腹地是這樣的情況，確實刷新了他們對中國人的認知。在此之後，歐美列強逐漸改變了對華的路線，並不傾向於佔領土地，將中國變成完全的殖民地，而是保留清政府的統治，只要他們能愉快地做生意，不斷獲利就行了。這場勝利間接避免了中國全面滑入殖民地的深淵。

雖然這只是一場局部戰鬥的勝利，但畢竟給了地處抗法前線的雲南民眾以重大的鼓舞，使他們內心深處的自信與錚錚傲骨，傳承達數十年而不衰。雲南省於 1905 年設立造幣廠。清 1910 年 4 月 26 日（宣統二年）後，雲南造幣廠銷毀老版雲南龍洋祖模，改鑄新版龍洋。新版的形制基本延續了老版雲南龍洋的設計理念，其圖案佈局大體雷同，但新版中文字更加顯纖細秀美，龍圖則更換為團龍。

最有特點的改變在錢幣的背面，刪除了老版中存在的英文字母，別看錢幣上這一處小小的變化，在當時卻具有不同尋常的意義。至少，在外敵當前、屢遭欺辱的時代，中國人在地方流通貨幣的圖案形式上，第一次主動徹底刪除了殘留的半封建半殖民地印記，也為後人留下了雲南抗擊外國文化侵略中國貨幣的實物正例。試問，這樣的一種時代精神下的特殊產物，誰曰不宜？

　　在中國清末所鑄的各類龍洋中，雲南新版龍洋是唯一的無英文龍洋。所以俗稱"雲南大困龍"的光緒元寶在那個內憂外患的年代，有着特殊的歷史意義，蘊含着強大的民族氣節，象徵着金融對外獨立。了解了那一段特殊的歷史，你也許就會理解，時至國際交流空前繁榮和人民幣充分國際化的當今，人民幣上為何依然不設英文。

清代圖繪黑旗軍作戰情形

第 七 章

追根溯源

黑龍江造光緒元寶

　　在苦難深重的中國近代史上，抗擊列強始終是一條不變的主旋律。雖然列強大費周章的目的是通商，但在貨幣皆為白銀，即便是做了銀元，也難以做出匯率差別與貴金屬進出口管制的當年，盲目通商就意味着經濟損失與金融風險。所以中外爭端開始時的主要問題，並不是列強想要瓜分中國，也並非清政府為白銀只進不出而拒絕外商銷售，而是雙方在缺乏合理金融規則下的多種方式的博弈與攻守，所以 19 世紀中葉的紛爭主要發生在南方沿海。

　　而到後來，清政府的羸弱和無能加劇且暴露，使得列強胃口增大，周邊的強國如日俄，更是覬覦上了廣袤的國土。所以在 19 世紀末，中國東北成了世界焦點與爆發戰爭的火藥桶。在人們的普遍認知中，屬於苦寒之地的東北，曾經在滿清入關後作為龍興之地而封禁百年，以致人煙稀少，但此時其戰略地位卻愈發重要。站在世界範圍內看，東北三省不僅擁有廣袤的肥沃土地和豐富礦藏，還是難得的四通八達的戰略要地，位於東北亞中心，北鄰俄羅斯，南接朝鮮，遙望日本，並且擁有難得的出海通道。因此，多個國家都對其虎視眈眈，試圖分一杯羹，尤其是地跨歐亞、大肆擴張的沙俄，以及通過 "明治維新" 極速崛起的日本。

　　因此，一枚出自偏遠邊疆省份黑龍江省的銀元，也在無意間趕上了強敵環伺、波詭雲譎的歷史情境，成為間接印證日本侵華戰爭之淵源的證物。

　　這枚黑龍江省造光緒元寶（庫平七錢二分）銀元，是黑龍江造幣廠於光緒二十六年（1900 年）年鑄造。此幣正面中央珠圈內鐫滿漢文"光緒元寶"四字，珠圈外上緣鐫"黑龍江省造"五字；下緣鐫"庫平七錢二分"六字；左右兩側各鐫一"長六瓣花星"紋飾。幣背面中央鐫一"坐龍"圖；上緣鐫英文"HEI LUNG KIANG PROVINCE（中譯為：黑龍江省）"二十字母；下緣鐫阿拉伯數及英文幣重"7 MACE AND 2 CANDAREENS"字樣；左右兩側各鐫一"太陽花星"紋飾。此銀元設計精美，鑄工精良，從包漿和成色看都是當時流通過的銀元。此幣極具重要的歷史價值和藝術價值，不僅對研究清代"黑龍江省"鑄幣史，具有不可估量的深遠意義，還能藉此解開日本為何侵華的重大疑問。

　　黑龍江省造光緒元寶（庫平七錢二分）銀元的發現，否定了此前存世僅見黃銅樣幣，未見銀元的説法。充分證明了著名經濟學家千家駒和郭彥崗先生合著的《中國貨幣史綱要》一書提出的看法。在該書裏，説光緒二十五年"黑龍江省"鑄製過銀元。另據學者宋志強和王立新合編的《中國古錢幣庫》一書"金銀卷"記載："光緒十六年（1890 年）將廣東反版銀元改鑄英文在背面之版式，各省先後仿照此式鑄行本省銀元，其中就有黑龍江省"。在未發現黑龍江省造光緒元寶（庫平七錢二分）銀元之前，收藏界總認為傳世的只有黑龍江省造光緒元寶（庫平七錢二分）及黑龍江省造光緒元寶（庫平三錢六分）黃銅樣幣。而且都認為此兩版幣係外地所鑄。在 1949 年 6 月上海出版的由學者施嘉幹先生所

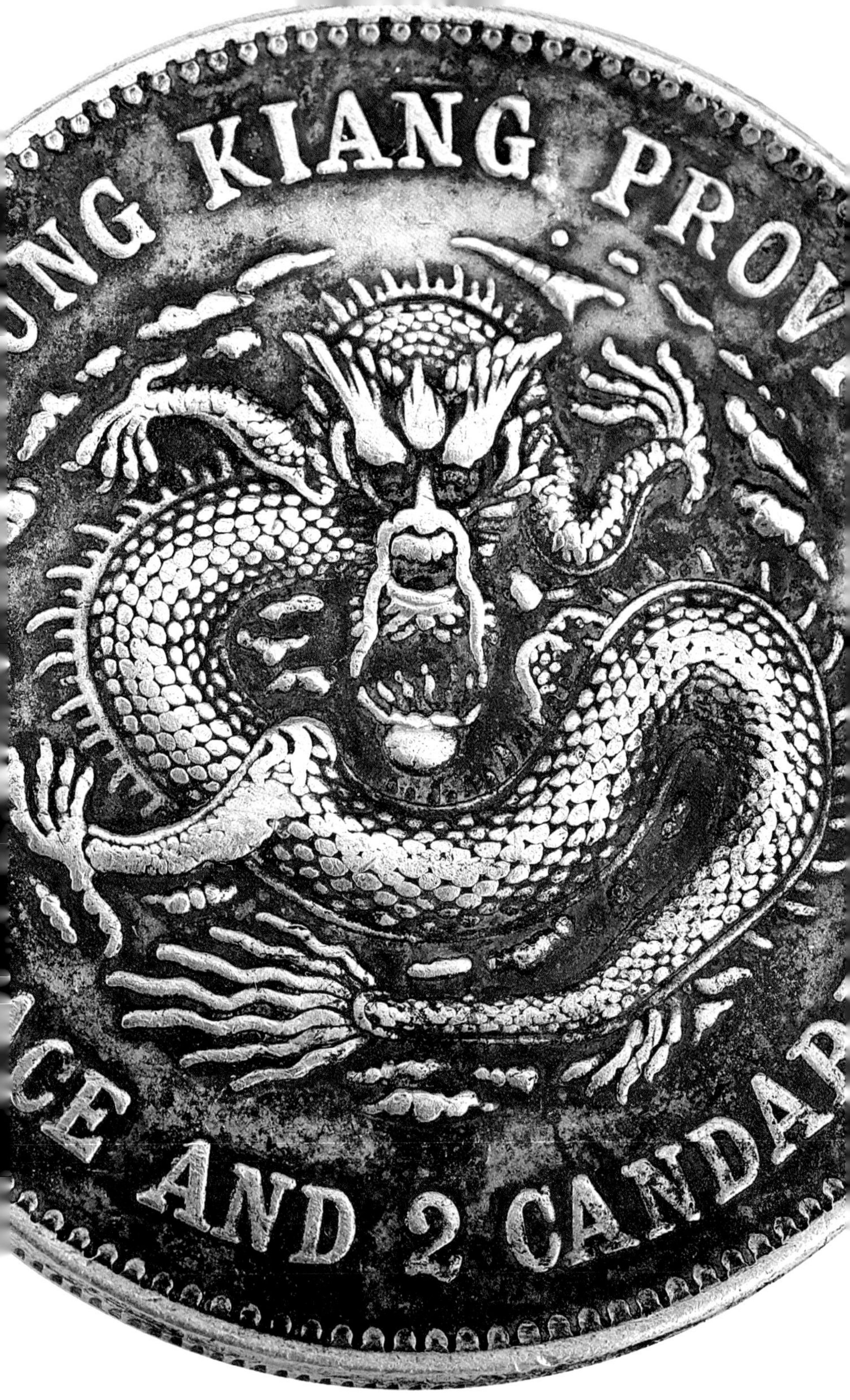
UNG KIANG PROV
CE AND 2 CANDA

編著的《中國近代鑄幣匯考》一書內，則特別指出是由“湖北省”代鑄之說。

根據《大清德宗景（光緒）皇帝實錄》的記載：“1898 年 2 月黑龍江將軍恩澤奏，黑龍江省利用銀元，各省應撥協餉，請飭解鄂局代鑄。得旨，戶部知道，即着轉行各該省辦理。1899 年 7 月，恩澤奏請撥款設局鼓鑄銀元，朝廷的答覆是該省需用銀元，盡可就近由吉林省搭鑄，毋庸另行設局。稍後恩澤再以黑龍江省銀元附吉林省搭鑄，諸多窒礙，仍請准自鑄，並調鄂省（湖北）銀元工匠來江承造，俾敷通省之需。”1900 年 1 月朝廷回覆由署黑龍江將軍壽山體察情形，再行復奏。同年 5 月初，署黑龍江將軍壽山奏：“黑龍江已購得機器，自鑄銀元，以資流通”。

由此可知，黑龍江省設局鑄造銀元一事確實有之。且湖北省在受託後，先行雕刻模具及試鑄樣幣，由應聘的工匠攜至該省作呈核及生產之用，開始鑄造黑龍江省造光緒元寶（庫平七錢二分）銀元。但當時受義和團運動的影響，沙俄帝國以保護僑民為由在該年 7 月舉兵入侵中國東北地區，黑龍江因為與其接壤而首當其衝，而且在義和團運動平息後，俄軍不走了。在這種時局下，黑龍江省所鑄銀元、原料白銀以及機器都被掠走，所以鑄幣的時機轉瞬即逝。黑龍江所鑄光緒元寶的製造期僅有一個多月，經後世歷次收兌，存世無幾，以至於學界都屢屢誤判。

可是，這跟日軍侵華的原因有什麼關係呢？這是因為這枚銀元的極度罕見，客觀印證了 1900 年沙俄快速入侵東北，搶掠官民財物，並佔領中國東北數年的事實。我們都知道 1904 發生在中國東北的日俄戰爭以日本意外獲勝為結束，但很少有人知道戰爭之前的幾年，沙俄就佔領了幾乎東北全境。戰後，清政府和日本簽訂《中日會議東三省事宜條約》（日本方面稱為《滿州善後條約》），約定日本獲得在東北的一些包括鐵路沿線駐軍在內的特權，而東北的主權仍屬於中國。日本耗費巨大代價，雖然獲利，但卻在無形中使中國挽回了損失。

有很多近代歷史學者並不承認這一點。他們堅持認為：佔領東北全境是侵略者，佔領東北部分地區也是侵略者，沒有質的區別。從樸素的民族情感以及二戰後才建立的現代國際法來看，被沙俄佔有數年的土地依然可以被認為是自己國家的，然而站在當時已經對中國虎視眈眈的日本的角度，他們可是認為自己以舉國之力和慘痛的傷亡，才把東北從俄國軍隊的佔領下奪取過來，結果還要再把其中絕大部分歸還中國，是有恩於中國的。當時作為弱國的中國面對強權，也只得隱忍務實地對待這一現實，試圖從中尋得可以騰挪轉移的空隙，保住對於東北的主權。

在這種微妙而難堪的處境之下，以與日本打過多年交道、洞悉日人心理的袁世凱為代表的中方代表，與日人談判長達三十五天，付出了極大的努力，力所能及地抵制了日本新的政治要求，迫使日本也作出了相對的妥協和調整。據當時參與談判的曹汝霖回憶，中日談判結束後，日本全權代表小村即向他表達了不滿情緒："此次我抱有絕大希望而來，故會議時竭力讓步，我以為袁宮保必有遠大見識眼光……不意袁宮保過於保守，會議時咬文嚼字，斤斤計較，徒費光陰，不從大處着想……。"像日本在與俄國簽訂的《樸茨茅斯條約》之外增加的涉及中國主權的政治性要求全部被刪去，比如"中國政府非經日本國應允，不得將東三省地土讓給別國或允其佔領"等。這番談判，保住了清廷最看重的主權和領土，還算是差強人意地取得了一個相對不那麼壞的結果。如果當時斷然拒絕與日本簽約，那麼正在快速上升勢頭之上的日本，很難保證不會乘着日俄戰爭得勝的餘威和狂傲，試圖進一步佔據東北全境。

　　然而在二十多年後，國民政府將《中日會議東三省事宜條約》作為不平等條約，在張學良宣佈了東北易幟，歸屬中央後欲一併廢之，這就將爭議激化了。日本人認為這是蘇俄在背後策劃，意圖將其利益沒收，再獨霸整個中國，繼而進一步壯大，威脅到日本的安全。與其如此坐以待斃，不如放手一搏，便發動"九一八"事變。當然，這不是日本發動侵華戰爭的全部原因，而且日本後來的判斷和做法愈加不可逆轉地走向瘋狂，給其國家，也給多國帶來了巨大的苦難，也就此改變了世界的政治格局。

　　從一枚銀元的身世之謎為切入點，抽絲剝繭地得出矛盾升級的原委，至少有助於豐富我們對那段歷史理解的可能性。

第 八 章

生不逢時

大清銀幣之長鬚龍版

在清廷貴族和大臣的概念中，沙俄是惹不得的，自康熙年開始就割讓土地以求和平，所以被佔東北後無可奈何，連派兵的勇氣都沒有。1904 年漂洋過海而來的日軍戰勝俄軍後，在東北挖礦、修路、建廠的效率也很高，以慈禧為首的統治者們紛紛深刻認識到了變法的重大效果，想必也暗自後悔幾年前親手扼殺了"百日維新"，決定把當年做錯的事情撿回來。

1908 年（光緒三十四年）8 月，清政府頒佈《欽定憲法大綱》，規定大清帝國萬世一系，同時宣佈預備立憲以九年為期，使得時人對君主立憲信心大增。《憲法大綱》雖以日本明治維新時期頒佈的憲法為藍本，但它刪去了日本憲法中對天皇權力限制的條款。儘管如此，也得到了國人的普遍認可與期待。

1908 年，光緒皇帝和慈禧太后都病重。11 月 11 日，光緒皇帝在床上亂滾，大叫肚子疼，三天後的 14 日傍晚，年僅三十八歲的光緒皇帝清德宗愛新覺羅・載湉，在中南海瀛台駕崩。臨終前無一名親屬及大臣在身旁，被人發現時早已死去，光緒皇帝無論生前死後都備受冷落，孤苦淒涼至極。就在光緒死去的第二天下午，他口中的"親爸爸"（是的，不是媽媽）、操縱晚清達半個世紀之久的慈禧太后死在了中南海儀鸞殿，終年七十四歲。

光緒皇帝和慈禧太后先後去世，中外都感到震驚。人們普遍認為：三十八歲的光緒死在七十四歲的慈禧前面，前後相差不到一天，這不是巧合，而是處心積慮的謀害。御醫記錄光緒帝面黑、舌頭焦黃，與之前的病症毫無關係，當時的人們就非常疑心光緒被下毒。光緒被謀害致死的種種說法由此產生，且權勢大過皇帝者只有慈禧，故慈禧嫌疑非常大，但終究沒有證據，這便成了一個未解之謎，沉寂在歷史中。

直到百年後，中國官方以現代法醫手法檢驗，才證實光緒皇帝是死於砒霜中毒。2008 年，在光緒皇帝去世一百年之際，由國家清史編纂委員會、清西陵文物管理處、北京市公安局法醫檢驗鑒定中心等單位，聯合組成"清光緒帝死因"專題研究課題組，確定光緒是因為"急性腸胃型砒霜中毒"而亡。

研究人員通過現代法醫學手段，對光緒遺體的頭髮、遺骨、衣服及墓內外環境樣品，進行了反覆的檢測、研究和分析。專家發現，光緒的衣領及頭髮上均沾染高濃度的三氧化二砷（即砒霜），袍服胃區的三氧化二砷源於屍體腐敗時的體液浸蝕所致，而頭髮及衣領的三氧化二砷也是屍液浸蝕的遺留。一般人服用砒霜 60 至 200 毫克就會中毒，僅在光緒帝部分衣物和頭髮上檢出的砒霜總量就已高達 201 毫克，光緒的死因大白於天下。

那麼慈禧為什麼要狠心殺死光緒呢？前文說過他們是政敵。光緒皇帝載湉是慈禧親妹妹的兒子，慈禧的親兒子同治皇帝去世後，四歲的光緒皇帝繼位，但權力一直都在垂簾聽政的慈禧手中。甲午戰爭後，光緒皇帝支持譚嗣同和康有為等人的戊戌變法，意圖奪回權力，結果變法失敗，光緒皇帝本人也被慈禧太后

幽禁起來。

　　為避免她死後被清算，慈禧得知自己命不久矣之後，做了兩件大事：殺光緒和立溥儀。隨即她為太皇太后，她的姪女、溥儀生母隆裕為皇太后。一切按照自己的心意安排妥當，慈禧在光緒駕崩二十二個小時之後嚥氣。

　　光緒帝和慈禧太后相繼去世以後，大清國的統治者後繼乏人，三歲的溥儀繼承皇位，改元宣統。光緒之弟、溥儀之父醇親王載灃監國，為攝政王。預備立憲進入第二階段。載灃監國攝政後，兩次重申繼續進行預備立憲與立憲作為國策的不可動搖。這樣的計劃也取得了國際方面的認同。1909 年（宣統元年）10 月 4 日，除新疆外，各省先後宣告成立諮議局。

　　但是攝政王載灃在另一方面採取集權措施，試圖“換湯不換藥”，積極推行由皇族獨攬國家大權的政策，大肆提升載濤、載洵等滿族親貴的官職，居政府首席的慶親王奕劻則老耄而好賄。在載灃擔任攝政王一年之後，一度對他執政前景相當樂觀的西方媒體就改變了判斷。同時滿洲親貴和漢族官僚之間的矛盾加深。1910 年（宣統二年），國會請願同志會在北京連續發起國會請願運動，迫於壓力，清廷在 9 月成立議會準備機構——資政院。

　　1911 年 5 月（宣統三年四月），清政府發佈內閣官制，成立以慶親王奕劻為總理的內閣。十三名國務大臣之中，漢族僅四人，滿族九人，而皇族竟有五人，故人稱“皇族內閣”。“皇族內閣"的成立，引起立憲派的強烈不滿。但他們還沒有絕望，又以各省諮議局聯合會的名義上書力爭，說："以皇族組織內閣，不合君主立憲公例，請另簡大員，組織內閣"。但得到回答是："黜陟百司，係皇上大權，議員不得妄加干涉。"立憲派紛紛感到失望，一部分人開始轉向革命陣營。

而宣統年間的銀元改革，比立憲之爭還早一些在社會上掀起軒然大波。在 1909 年（宣統元年），有些省開始製造"宣統元寶"銀元。1910 年（宣統二年）清政府頒佈《幣制則例》，將鑄幣權統一於中央，規定國幣以圓（元）為單位，主幣每元重庫平七錢二分，含純銀必須達到 96% 以上，輔幣有銀、鎳、銅幣，規定銀輔幣有五角、二角五分和一角共三等，參照之前在新疆喀什鑄造的大清銀幣，定名為"大清銀幣"，由湖北、南京兩個造幣廠鑄造，預定於當年十月發行。

這種幣制以黃金定價格標準，但實際流通的是銀元，即銀元按等重黃金的價值流通，是黃金的價值符號。故發行此幣之目的，一在消除國際銀價波動對國內經濟的影響；二在收回各省的鑄幣權，鑄幣權等同於極為有效的強行徵稅權，是非常核心的統治權力；三在用白銀來充當黃金的價格，可以虛增貨幣價值。

然而這個計劃遭到各省實權派的強烈反對，認為當時金本位制尚無實行條件，普遍主張先實行銀本位制，在此前提下，又產生了貨幣單位的"兩元之爭"。有人主張銀元改回重一兩，沿用

大清銀幣——喀什團龍

大清銀幣——短鬚龍

古制；有人主張重七錢二分，即以元為單位，保持與國際接軌。

　　後確定沿用龍洋的規制，採用七錢二分為單位，背刻鑄蟠龍紋圖案。當時清政府欲統一全國幣制，需要有高級感的貨幣，遂聘請海外高級技師精心設計製造了一整套宣統三年大清銀幣，計有六七種版式，均異常精美，長鬚龍版是其佼佼者，還有短鬚龍等。含純銀 96%—97%，遠高於光緒元寶，在流通中按個計數使用。這時大清雖已時日無多，鑄幣技術卻日益進步，此時的銀幣工藝精湛，無論字體、花紋、構圖都做到了規範與優美的統一，發行也全國統一，稱得上近代機製銀幣的巔峰。只是，後世收藏者在摩挲把玩這枚精緻的銀幣之時，聯想到這樣的巔峰出現的時

"皇族內閣"全體成員合影

機，其間的悖謬，難免會讓人唏噓生歎。

因為新幣剛試鑄成功，辛亥革命就爆發了，隨即不滿於假憲政和鑄幣權被沒收的各省政府，紛紛宣佈脫離中央政府，因而新幣很快便被廢止，絕大部分製造出的銀元還未能發行，就回爐熔化再造新幣去了，僅有極少量作為軍餉發放以鎮壓革命。

本節篇首這枚命運多舛的新幣正是長鬚龍版，因背面龍首之鬚特長而得名，屬於試樣性質，是 1911 年（宣統三年）天津造幣總廠鑄造的，因含銀量高、圖案精緻、存世稀少而受人重視。它的稀缺緣於且象徵着幾千年封建王朝在中國的徹底終結，因而更加不同凡響。

清末新軍將領合影，第一排右三為黎元洪

第九章

鳩佔鵲巢

英國發行的中文銀元

前文提到，清後期有各種各樣的外國銀元在中國流通，有墨西哥"鷹洋"、西班牙"雙柱"、荷蘭"馬錢"、葡萄牙"十字錢"等，大多是在貿易中流通到中國來的，而有一款外國鑄造的貨幣竟然是為中國量身定做的，那就是英國的中文銀元。

在中國的近代歷史中，與英國可謂是淵源頗深。英國在大航海時代後期號稱"日不落帝國"，即全球任何時候都有其領土在太陽的照耀之下，其海上運輸和軍事能力在 19 世紀前期是全球最強的，甚至強於第二名和第三名的聯合。而根據英國著名經濟史和經濟統計學家安格斯‧麥迪森在他的代表著作《世界經濟千年史》和《世界經濟千年統計》中的統計，中國作為歷史悠久的東方大國，即便在清代中後期，它的 GDP 也是全球遙遙領先的第一。雖然有很多人口和龐大的手工業製造能力，但科技、軍事和組織方式遠遠落後，其背後的根源是觀念、制度的落後。這兩個分別代表東西方文明的國家之間的衝突和戰爭是注定的，當時中國的失敗和之後的奮起直追也是必然的。

兩國更深的淵源還在於：中英第一次鴉片戰爭開啟了古老中國邁向現代化的封印，以香港島割讓給英國為標誌性事件；中英第二次鴉片戰爭開啟了各國利益均沾的閘門，同時九龍半島割讓；清末列強掀起侵略中國的狂潮時，英國趁機強行租借新界九十九年；中國多年戰亂，其社會精英和勞動力持續大量湧入香港，創造出獨樹一幟的經濟體；中華人民共和國成立後被孤立於國際社會之外，香港起到窗口作用，被新中國助推成耀眼的“東方之珠”；中國內地改革開放，初期以香港為制度參考樣板和外資引進渠道；中國國力增強，為全世界做出貢獻，得到世界主流國家的認可與尊重，從而恢復對香港行使主權。

總結起來，這個過程可簡化為三個階段：一是英國從沒落的清王朝手中割讓及租借走了香港；二是勤勞智慧的中國人在英國現代化程度較高的治理水平下，東西方優勢結合，將香港建設成全球頂尖的金融、交通等中心之一；三是新中國得到香港的助力和制度借鑒，崛起並依照法理收回香港。

當時國人俗稱銀元為“大洋”。這枚被收藏界稱為“站洋”的銀元，是清末民初時期，由英國鑄造，在中國廣泛流通的外國貨幣之一，但最具有代表性。站洋是英國在印度鑄造的貿易銀元，嚴格算來屬於英國本土貨幣體系，標準稱謂是“英國貿易銀元”，只是當時國內俗稱“站洋”，重 26.95 克，成色 90%。它圖案精美，內涵深邃。正面一名武士，站立岸頭，傲視世界；左手持米字盾牌，右手執三叉戟，意為能攻能守，戰無不勝。珠圈下左右兩側分列英文 ONE-DOLLAR（壹圓），下方記載年號。背面中央有中文篆體“壽”字，上下為中文行體“壹圓”，左右為馬來文“壹圓”。

“站洋”銀元進入中國後，開始在廣東、廣西一帶流通，因其製作精美，含銀量高，深得商民喜愛。英國政府看到“站洋”銀

元在中國有利可圖，便大量鑄造，大量輸入。不久，"站洋"銀元
便在中國大部分地區使用，尤以北京、天津為盛。由於當時香港
並未發行過壹圓銀幣，且該幣在香港一度獲得法定流通資格，因
此廣東部分地區也習慣稱其為"香港壹圓"。當時，在中國流通
的外國貨幣中，"站洋"銀元佔相當大比例，不足重的白銀貨幣流
通，使中國白銀源源不斷地流入英國，經貿利益受到嚴重損害。
"站洋"銀元作為一種歷史載體，記錄了鴉片戰爭以後，中國人在
政治上受壓迫、經濟上受剝削的歷史，也證明了有些是雙方無意
造成的。

　　老話說，不打不相識。如今，時過境遷，中國早已不是晚清
那個備受欺辱的沒落帝國，貨幣發行作為一個國家經濟命脈重要
的體現，早已經牢牢地掌握在了自己手中，連曾經飽經風雨的香
港所留下的殖民痕跡也越來越淡化。面對曾給我們的近代史帶來
屈辱的英國，中國人在這個新的時代，應當以負責任、有擔當的
大國心態，更加從容地站在全球化的視角來看待歷史上的恩怨，
既要牢記而引以為戒，又要諒解以砥礪前行。須知，關係都是相
互的，如果雙方都不能放下歷史恩怨和意識形態的不同，而過多
強調對立，惡意揣度猜測，實屬不智。畢竟大家加入世界貿易組
織都已有很多年了，都是這個大家庭裏抬頭不見低頭見的重要合
作夥伴，究竟還要不要一起愉快地玩耍和做生意？

　　冤家宜解不宜結。為了客觀地釐清那段被符號化的重大歷

史，了解英國佔領和打造"東方之珠"之經過，從而作出準確的歷史判斷與未來洞悉，有必要兼聽則明，結合作者在劍橋的酒館中與英國史學家暢談的視角上，將耳熟能詳的故事再捋一遍。

1840 年開始的鴉片戰爭，大清帝國戰敗，英國割走香港島。該島面積七十八平方公里，絕大部分為山脈。即便加上後來割走的九龍，以及租借的新界，其面積完全無法與日本割走的台灣和沙俄割走的相提並論。為什麼英國的"胃口"相比之下這麼小？這個問題中外史學界一直眾說紛紜，眾口不一。

單獨的事件原委難以深度評論，但結合英國在此之前與之後百年的史實來看，答案似較為明朗。

英國從古代起，通過茶葉、絲綢、瓷器的貿易，了解到在遙遠的東方有一個同樣悠久而龐大的古老文明，又從馬可波羅之類的"穿越大師"那裏了解到生活在遠東的人們是那麼的恬靜富庶、文明有禮，相比之下他們自己的文明反而顯得相形見絀，於是崇拜感油然而生。早期的英國以及歐洲人，用南美挖來的廉價白銀，來到遠東就能買到傳統概念上的奢侈品，其中原因前文已經講過，這主要緣於中國的白銀稀缺，又不可能像當今英鎊那樣來個匯率一比八。雖然兩者在各自體系中價值迥異，可這畢竟是成分完全一樣的白銀，中國人樂得銀子，英國人樂得商品。於是英國人就有了前來建交、加深感情、拓展貿易的想法和做法。

然而，地處亞洲東大陸邊緣的古國，卻以為自己是天地的中心，以天朝上國自居，將歐洲的文明混同於其周邊的附庸國，認為他國皆為蠻夷，無法容忍與他國平起平坐，更不接受被相對發達的國家所指導和改造。清前期的皇帝們覺得：這幫遠道而來的就是一幫蠻族而已，怎配和自己天朝上國稱兄道弟地來往？索性賜他們點禮物讓他們"滾蛋"，後來實在煩得不行，就讓他們在廣州沙面搞點"地攤經濟"，在當地官府的擠兌之下如同作賊。

就這樣，雖然從康熙時代起英國就特別特別想"巴結"中國，意圖和"天朝上國"建立正常的貿易和外交關係，無奈使團在清朝皇帝特別是乾隆帝面前還不下跪，皇帝龍顏大怒，不治其罪乃是開恩，這事也就擱下了。對待"天朝上國"這個自己心裏仰慕的"先進文明"，英國人只能憤而超越之。

時間到了19世紀中葉，這百年期間英國在全世界其他地方大汗淋漓地忙着，忙成了全球工業技術最發達、軍事力量最強大的海上霸主，廣州沙面的生意也擴大了許多。而大清治下的中國繼續沉浸在威震八方、萬國來朝的美夢中……

在此期間的1776年，英國在北美的殖民地宣佈獨立，改名美利堅合眾國。英王在草草地指揮遠征軍與遷徙北美的原英國人打了幾仗後，覺得這幫刁民既然被國外敵對勢力——法國人洗了腦，但畢竟都是自家兄弟，"一樣的情一樣的種"，內耗下去也不好，就由他去吧。而且那塊荒蠻之地的管理成本也太高，比起家門口的加勒比海上之戰略要地，無足輕重，將來讓他們自己吃了苦頭，混不下去了再收編回來不晚。而印度的大業看起來比較有前途：人口眾多又群龍無首，英國當時的巨無霸企業——東印度公司已經基本上完成了對當地的控制，全面殖民基本成型。於是在此精耕細作，"土特產"行銷全球。

後來的事情我們都知道了，但考察證據來看，歷史的進程不是我們所熟知的那樣簡單粗暴：中國人把鴉片銷毀了，英國人就來打了。發動鴉片戰爭這件事，英國人確實理虧，但也不是你銷毀我的鴉片，我就打你的邏輯。

由於中國白銀相對西方稀缺而購買力更強，然而不能區分匯率就吃了虧，清政府對於出口商品賺銀子尚喜聞樂見，對進口商品虧銀子就扭扭捏捏。直白說就是大清對英國貿易，只許英國人買，不許英國人賣，具體做法是由官府限定僅有廣州的十三個洋行經營洋貨，其售價畸高，在官僚貪污的同時，還讓英國人很難痛快地賺到白銀。長此以往的貿易逆差，讓英國的貨幣稀缺，金融流動性不足，官民都着急了，所以開始從印度販賣鴉片輸入中國，而官方默許之。這樣一來搶購鴉片的白銀嘩嘩地流出國門，屢禁不止。沒過多少年，大清國庫的儲備捉襟見肘。所以道光皇帝怒了，派林則徐去廣東解決這個貿易逆差的問題。

林則徐去後抓人、繳貨、銷煙，英國國會當時認為這事屬中國內政，而且鴉片走私貿易又屬於私營企業的不道德經營行為，就反倒勸被抓的商人交出鴉片以了事。但前文已經講過，在之後不斷的貿易爭端下，道光皇帝禁了中英貿易，還天真地以為後果無非是少收點稅而已，而倫敦的歷史檔案表明，恰恰是這項措施直接導致了英國國會通過了侵華戰爭動議。

這項動議在議會以 271 對 262 票通過，完全談不上同仇敵愾。這場戰爭也給英國人脖子上套了一根道德絞索，現在還套着，還會一直套下去，畢竟這個事情和鴉片脫不開干係，但直接導致戰爭的是貿易的終止，而不是銷毀鴉片。事實上，由於百姓喜愛白銀，所以私下出口無法禁止，也是清廷無意去禁止的，所謂終止貿易，無非就是單方面地禁絕進口，清政府認為這樣就能留住白銀、增加財富。當白銀通行全球時，確實一國貨幣增加就等於財富增加，反之則減少，如同當今的黃金儲備。但這和當今需要貨幣兌換、匯率干預以及外匯管理的情況不同。

可當年道光皇帝不明白的是：大航海時代之後的世界秩序已經變了，之前是想要別人的東西，就可能傾向於去搶；但工業革命之後，分工合作帶來更高的效率，搶遠不如交易划算和安全，所以貿易與談判就取代了戰爭，成為國家和民族之間獲利的主要手段。若能貿易，則無戰爭。早在明朝時的福建巡撫許孚遠就發現："市通則寇轉而為商，市禁則商轉而為寇"。後世也總結出來了道理：商船進不來的地方，就會有炮船進來。英國的軍艦爭來通商的權利、損失的賠償和理想的港口。

早在清朝初年，英國人就發現了香港島這個位於珠江口的避風深水良港。乾隆帝過壽時，英王曾派馬戛爾尼使團訪華。在觀見乾隆帝時，英國人提出租借香港島，被乾隆帝斷然拒絕。嘉慶時期，阿美士德訪華團訪華，再次提出租借香港島的要求，亦被皇帝拒絕。鴉片戰爭之前，英國商人在廣州被抓被禁，所以英國人渴望在廣州的附近有個自己的地盤，以免離家萬里做生意，說被囚就被囚了，宛如待宰羔羊。索要香港島是對中國領土的侵略，但這和妄圖瓜分中國的版圖、顛覆大清的統治、奴役中國的人民相卻甚遠。道光帝對割香港答應得最痛快，畢竟他對於帝國版圖上都未必標出的小島可能一點概念都沒有。而事關白銀的戰

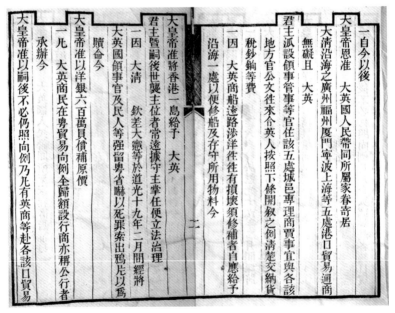

存放於倫敦檔案館的《南京條約》印刷本原文

爭賠款卻來來回回談了兩年，還弄了個好幾年的分期付款方案，這就是為什麼中英《南京條約》一直拖到 1842 年才簽字。

璞鼎查作為女王代表和第一任港督，1842 年《南京條約》換約後，到香港就任。他並沒有登高一呼，對島上三千多原住民宣告"你們這個島的主權歸我啦"之類的舉動，而是發佈公告，非常低調地宣佈三大綱領：香港為無關稅自由港、歡迎各國商人來做生意、尊重華人的習慣。

這以後幾十年間，英國陸續拓展了九龍半島和新界至深圳河南岸，其中九龍界限街以北的土地是 1898 年向大清國租的，租期九十九年。畢竟之前才大約一百平方公里，這下直接要近一千平方公里。有說法稱這是因為英國提出割讓遇阻，才退而求其次，但這點面積，在其他列強既遂的大尺度面前，確實在不算什麼。所以這固然也有清廷力爭的因素，但不是全部原因。幸運的是，這個"租"的一字之差，給 1997 年整個香港的回歸埋下了伏筆。

香港開埠以後，一百餘年內的歷任統治者都忠實執行了璞鼎查的綱領。前兩項他們拿手，所以造就了香港的繁榮；但第三條"尊重華人的習慣"，卻只能"摸着石頭過河"。他們的做法是英國式務實的"少管閒事"，除非有太明顯的觸犯法律行為。

這百餘年，除了日佔時期，香港是沒有身份證的，中國人來去自由。所以，中國各派政治勢力、各色人物，歷來以香港為策動造反活動的策源地或落魄逃亡的避難所，從太平天國落難瑛王

港幣一毫

1866 年的港幣半圓

洪全福到"國父"孫中山……他們在香港時申報的身份只要是非政治的，就不受追究。如果碰巧英國警察上門檢查，這些人馬上會拿出算盤來劈裏啪啦亂打一氣，再拿毛筆龍飛鳳舞地寫一堆漢字，說正在盤點上個月賣到廣州的魚乾蝦仁的數量，理直氣壯得很。一河之隔的清政府即使明明知道這些"反賊"就在香港，也只能"乾瞪眼"。英國人更是會無奈地攤開雙手，說我們水平有限，無法甄別。我們哪知道有正當職業的孫文大夫會策劃推翻大清，成為民國大總統？這樣，香港就成為百年中國大革命中一個微妙的關節點，源源不斷地為內地提供着革命資源與庇護。鳩佔鵲巢，最終孕育出現代中國這顆"金蛋"。

1870 年的香港銅鑼灣天后廟

第十章

四海一家

奉天萬國鼠疫研究會紀念幣

清末政府雖昏聵無能，但面對疫情卻處理得當，有效撲滅。

2019 年底，一場新冠肺炎疫情席捲全球，並且持續數年。無論是發達國家還是發展中國家，都被迫起來應戰這場災害。中國政府把一座千萬級人口的城市封閉，並採取一系列強有力的措施，調動了大量的人力物力，進行這場 "看不見硝煙的戰爭"。在國內疫情終於趨向穩定之後，全球的協調合作及路線分歧卻成為影響疫情結束的重要因素，導致引發全球大流行後，在傳播力極強的病毒面前，各國不得不陸續選擇與之共存。所幸病毒經過數代變異後，致病力較弱，依然不由得感慨人類命運之無常，而在過去一百年的歷史中，人類似乎並未得到足夠的啟發和改進。

藉着這枚因百年前的鼠疫而問世的紀念幣，我們可以回溯歷史，看看在國家尚處於內憂外患之中的那時，我們的祖先和前輩們所表現出的智慧和勇氣，是否還有值得今天的人們思考或者效法之處，也重溫不同國家的人們是如何緊密地團結在一起的。

危急之城

1910 年冬季，中國東北地區由哈爾濱開始，爆發烈性傳染病並且迅速蔓延，人們對它的來源和防治一無所知。

1910 年 12 月 24 日傍晚，一列火車徐徐駛入哈爾濱火車站。三十一歲的伍連德手持一台貝克顯微鏡，在寒風中踏下月台。他的助手林家瑞提着一大一小兩隻藤條箱，裏面裝滿了實驗室器械。

伍連德是以"東三省防疫全權總醫官"的身份，踏上這塊陌生土地的，此時的哈爾濱，正籠罩在嚴重瘟疫的陰影下。

有確鑿記錄的死亡，最早發生在 1910 年的 10 月 25 日。據《東三省疫事報告書》記載，在中俄邊境小城滿洲里，兩名從俄羅斯回來的勞工在下榻的旅店內暴亡。"同院居住的房東、客人等亦染疫身亡"，幾個人的症狀相同：都是發燒、咳嗽、咳血，很快死亡，死後全身發紫。

其實早在 10 月初，俄羅斯境內大烏拉車站附近的一處華工工棚，已有了類似的異常死亡事件。據《東三省疫事報告》記載，當時"忽有 7 人暴死"。

"俄人知該病之可恐，遂將該棚內華工一律逐出"，而且也把棚屋裏的衣服、行李全部燒毀。被逐出的華工中，有兩名在 10 月 19 日來到滿洲里，正是他們引發了一場後來蔓延東三省的瘟疫。

從 10 月 25 日開始，死亡開始瀰漫一個又一個城市。10 月 29 日，察漢敖拉煤窯染疫，11 月 5 日扎賚諾爾染疫……

哈爾濱收到第一個疫情報告的時間是 11 月 7 日。兩名捕獵旱獺的華工從滿洲里來到哈爾濱，住進一家鑽井工具商店。不久，這兩個人都染病而死，而且還傳染了與其同住的另外四人。瘟疫由此在哈爾濱蔓延開來。這幾乎是年輕的哈爾濱建立以來面臨的第一個嚴峻挑戰。

PLAGUE CONFERENCE
THE TA CHING EMPIRE

大清國國際鼠疫研究會

HSUAN TUNG 3RD YR. 3RD

追溯起來，哈爾濱的歷史，與中東鐵路的歷史是並行的。
"可以説，先誕生了鐵路，後誕生了這個城市，這是非常特殊
的。"哈爾濱市作協主席、著名作家王阿成曾説。

此前的哈爾濱只是一個小漁村，哈爾濱的滿語意思是：曬漁
網的地方。隨着中東鐵路的開通，外國人也大量湧入，佔了人口
的 51% 以上。"那時哈爾濱的街牌、商家的牌匾，都是以俄文為
主。""當時的哈爾濱集中了一批精英，包括文化、商業、音樂、
建築等領域。"王阿成説，中國第一個電影院、第一個交響樂團，
都誕生於哈爾濱。

以鐵路為界，哈爾濱分成"道裏"和"道外"兩個區域。
與道裏生活優裕的俄國人、日本人相對的，是道外以傅家甸為中
心的中國人聚居區。他們大都擠在擁擠不堪、污濁骯髒的小屋子
裏。鼠疫爆發後，傅家甸很快就成為重災區。

"傅家甸的人口居住得非常密集，如果鼠疫不能撲滅，這將
成為一座死亡之城。"王阿成説。當時居住在傅家甸的大都是來
自山東、直隸的勞工，在東北淘了金之後便返鄉，他們會把病菌
帶到全國，所以王阿成形容，那時候的哈爾濱"像一個巨大的病
菌炸彈"。

當時還有一個超出人們經驗範圍的新情況：隨着鐵路的發
展，人群移動的頻率和範圍大大增加，瘟疫傳播的速度也大大加
快。疫情發展之勢，正如當時東三省總督錫良所形容的那樣，"如

水瀉地，似火燎原”。

在奉天，瘟疫甚至引發了人們的擠兌風潮。恐慌也傳到了政治中心北京。施肇基後來在回憶錄裏說，當時哈爾濱每天數百人死亡的報告傳來，而且瘟疫還在逐漸南行，“旅華洋人聞之恐慌”。各國人士都不敢與中國人來往，北京東交民巷的外交團區內，“亦限制華人入內”。“當時奧國駐華公使任外交團主席日日促余急謀治疫之策。”

其實讓清政府更憂慮的，除了瘟疫，還有背後一場看不見的較量。事關主權和領土完整。

在東北，哈爾濱和奉天是“北滿”、“南滿”兩個鐵路樞紐的中心城市，不但有較多外人僑民居住，且俄、日鐵路附屬地與中國市政重疊，檢疫、防疫更具主權象徵意義。疫情發生後，俄國和日本以清政府防疫不力為由，紛紛向清政府施壓，要求共同主管防疫。時任東三省總督錫良憂心忡忡地寫道：“查疫勢傳染甚烈，外人尤極注意，辦理稍不如法，即恐乘機干預。”

“南滿鐵路屬於日方，所以他們向清政府發照會：如果控制不了疫情，他們將自己派醫官過來。俄也向清廷提出在嫩江設立檢疫站，這其實不僅僅是防疫的問題，這涉及警務權、行政管理權的問題。”哈爾濱醫科大學醫學史教研室的馬學博老師分析。

也許正是因為情勢複雜，所以當時清廷負責處理東北疫情的，並不是民政部，而是外務部。外務部的態度是：事關主權，

伍連德醫生夫婦

萬難也認——要不惜一切代價，控制住這場瘟疫。他們要向俄國和日本證明，中國能夠獨立處理好這場瘟疫。當然，這其中最重要的要素，是要找到一個靠譜的指揮人選。

臨危受命

在突然接到來北京的電報邀請之前，三十一歲的伍連德其實只是一位剛剛從南洋到中國兩年有餘的華僑。

1879 年 3 月 10 日，伍連德出生在馬來亞（現馬來西亞西部地區）的檳榔嶼。其父伍祺學十六歲從廣州漂洋過海來到當地，在當地開了一家金舖。伍祺學與當地華僑女子林彩繁結婚後，生了五子六女。伍連德是第四個孩子。十七歲時，他考取了英國女皇獎學金，赴英國劍橋大學伊曼紐爾學院深造。1903 年，伍連德成為劍橋大學第一位獲得醫學博士學位的華人。

1907 年時的伍連德已是馬來半島小有名氣的醫生。他接到了一封邀請他出任天津陸軍軍醫學堂副校長的邀請信。信的下方，赫然印着"直隸總督袁世凱"。

到中國之前，伍連德對中國的印象主要來自夫人黃淑瓊。黃淑瓊是著名僑領黃乃裳的長女。黃乃裳後來追隨孫中山，是老同盟會會員，曾任福建省省長。黃淑瓊從小在中國長大，很希望能回到祖國與親友重聚。加上她身體虛弱，不太適應南洋炎熱的天氣，伍連德後來在自傳中坦承："我決定歸返祖國，開始我的新生活，這多少和她的情形與意見有關係。"

1908 年 10 月，伍連德一家三口離開檳榔嶼，經香港到上海。將家眷安置好之後，隻身北上。不料，到達北京後，光緒皇帝和慈禧太后相繼亡故，袁世凱已被開缺回鄉。伍連德一時茫然無措。

後來在英國留學時認識的海軍官員的推薦下，他得到了軍機大臣鐵良的正式任命，出任天津陸軍軍醫學堂副監督。

伍連德生長於海外華人家庭，長大後又留學英國，早年缺少學習中文的機會。回國後，深感不懂中文之不便，到天津之後，他聘請教師教習中文。經過一段時期的努力，他能用普通話講課。隨後，他與梁啟超、辜鴻銘、嚴復、胡適等人有了交往，對中國的認識也在逐漸加深。

1910 年 12 月 18 日的一封電報，徹底改變了伍連德剛剛平穩下來的生活軌跡。電報是從北京的外務部發來的，發電人是外務部右丞施肇基。1905 年，由端方等帶領的清政府憲政考察團曾到訪過馬來亞檳榔嶼，作為隨員的施肇基，與伍連德曾有一面之緣。等伍連德急速進京與施肇基見面後，施肇基告訴他，上次檳榔嶼見面之後，伍連德給他的印象極深。所以後來聽說袁世凱打算聘用專家改革陸軍軍醫學堂時，他便大力推薦了伍連德——直到此時，伍連德才恍然明白當初接到的那封邀請信的緣由。

出生於江蘇的施肇基早年畢業於美國康奈爾大學。就在疫情爆發的幾個月前，施肇基剛從吉林西北路兵備道任上卸職，轉到外務部。其實在當時的清政府看來，美國丹佛大學醫學博士、海軍總醫官的謝天寶是第一人選。可是謝天寶卻以北京到哈爾濱路途遙遠為由拒絕。此時，施肇基又一次想起伍連德，而伍連德毫不猶豫地同意了。他後來在回憶錄裏並沒有提及自己是否有過一番掙扎，只是留下了這樣的字眼："施肇基的估計是：除非中國採取嚴厲的防疫措施，制止疫情蔓延，否則，俄、日將採取行動，並最終演化成為一個外交事件。"更嚴重的可能是：列強認為清政府沒有能力防治瘟疫，最終會傳染給全世界，那麼他們可能會採取更為極端的措施來保障他們國民的生命。

1910 年 12 月 19 日一早，伍連德返回天津後便直奔陸軍軍醫學堂。他緊急召集畢業班學生，徵求自願和他一起去東北的人。教室裏一片沉寂。幾分鐘後，兩名學生站了出來。令伍連德意外的是，站起來的兩人都是廣東人。

走馬上任

1910 年 11 月初，傅家甸每天還只是一兩例染疫之人的報導，至 12 月中旬每天四至十名，到了 12 月下旬增至數百人。由於傳染人數增加太快，專業檢疫人員無法親自檢查每一個病例，得到病患家人的通報後，只有依靠臨時僱來且沒有防疫經驗之人前往甄別，然後將被認為染疫之人移送至隔離營。為了逃避警察檢查和強制性消毒，有些病患家庭在夜間將患者屍體拋在街上。第二天早上，警察把這些屍體收集起來，放在一個個薄木棺材裏，埋在亂墳崗子。如果患者死在家裏，家人則可以在沒人過問的情況下，從容運到城外安葬。臨時徵集來的護士、看護婦、消毒工和埋葬工，雖都被要求穿戴防護服和佩戴口罩，但都置若罔聞，口罩掛在脖子上而不戴，致使不少人也被傳染。

疫情發生以後，當時從奉天派來兩名西醫前來處置，但是他們能夠調動和支配的人手只有五位與之同來的護士。大多地方行政長官對現代檢疫、防疫知識，幾乎一無所知。如最初負責傅家匈檢疫、防疫的地方官就是一位典型的傳統文人。此人擁有舉人頭銜，操一口帶有濃厚吳地口音的官話，既不通英文，也不通俄文，根本無法與俄國人直接交談。伍連德後來回憶：他抵達後第二天與其見面，早上9點鐘趕到縣衙門，居然還在客廳等候了半個多小時。伍連德與之交談後的印象是："正是這種無知導致了形勢的複雜化，並使疫病向更遠的南方蔓延。"

所幸從奉天來的姚醫生和孫醫生畢業於盛宣懷創辦的天津北洋醫學堂，是當時中國為數不多的接受過西方現代醫學訓練的人。北洋醫學堂是一個英式醫學院，專門從香港、廣東和福建以及天津招收會英語的學生，用英語授課，所以伍連德可以用英文同他們深入交流，了解情況。

當時東北的各種報紙報導這場大瘟疫時，都稱之為"百斯篤"——這是"鼠疫"的日語音譯。這場蔓延東三省的瘟疫究竟是不是鼠疫？對伍連德來說，他迫切需要的，是要以科學的理論對這些猜測用實證的方式予以回答。

到達哈爾濱的第三天，伍連德得知傅家甸一名與當地人通婚的日本女人死於瘟疫，他決定解剖屍體。

當時中國對現代醫學完全是一片蒙昧狀態。在中國人的觀念中，解剖屍體無疑是對死者的大不敬，而且還普遍相信鬼魂復仇之說，不但面臨着社會風俗的壓力，從法律層面來講，也是不被允許的。所以伍連德只能冒險秘密對外國人進行。

　　這一次的屍體解剖，也是中國第一例有記載的病理解剖。在伍連德等人的推動下，三年後，北洋政府才公佈了關於屍體解剖法規的總統文告，隨後頒發了詳細規則，這是中國歷史上首次官方准許屍體解剖的法律性文件。由此可以想見，伍連德當時要承受多大的壓力。

　　當時也沒有實驗室，伍連德和助手就在當地總商會借了一個房間，做血液化驗。將樣本固定後進行組織切片檢驗。令伍連德興奮的是，在貝克顯微鏡下，他清楚地看到了一種橢圓形的疫菌——毫無疑問，流行在傅家甸的正是鼠疫。伍連德立即向北京外務部發去電文，報告此事，並且提出初步的防疫措施：控制鐵路、公路交通，以防瘟疫蔓延；隔離疫區傅家甸；向關內徵聘大量醫生等。

　　伍連德發現，這一次發生的疫情顯然與以往對鼠疫的認知有很多衝突。初到哈爾濱時，姚醫生也向他坦陳了他的觀察：傅家甸民居低矮骯髒，冬天門窗緊閉空氣不流通，室內一人染病很快即感染全家——他認為這種病是在人與人之間通過飛沫和呼吸傳播的急性肺部炎症。在伍連德到達哈爾濱前，日本南滿鐵路也派了一名日本醫生前來調查病因，這名日本醫生是北里柴三郎的學生，他一到哈爾濱，就立即僱人捉老鼠，希望在老鼠身上發現鼠疫桿菌。一連解剖了幾百隻，卻沒有發現一例帶鼠疫菌的。基於種種事例，伍連德大膽提出，在傅家甸流行的鼠疫無需通過動物媒介，而可以通過呼吸之間的飛沫傳染，他將此命名為“肺鼠疫”。

為了防止飛沫傳染，伍連德設計了一種極其簡單的雙層紗布囊口罩，即用兩層紗布，內置一塊吸水藥棉，戴上它就可以隔離病患，成本費僅需當時國幣 2 分半錢。後來，在瀋陽召開的國際鼠疫研究會上，各國一致贊成採用這種口罩。至今，醫務人員仍在使用這種口罩，並稱之“伍氏口罩”。

1911 年新年元旦的前夜，伍連德拜訪了很多外國領事館，向大家講了他的“肺鼠疫”理論，呼籲群起防治。然而，除了美國領事羅傑·格林之外，幾乎沒人相信他的話。

而伍連德的人際傳染的“肺鼠疫”理論，也遭到了同行的抵制。1911 年新年第一天，伍連德決定去中東鐵路醫院探訪。那裏的主治醫師是只有二十八歲的哈夫金（Haffkine），他畢業於基輔大學，他的叔叔是著名的鼠疫專家，曾主持過印度孟買的鼠疫防治工作。

伍連德注意到，這裏的傳染病房並沒有設置隔離區，醫務人員也沒有任何防護性措施，因為哈夫金篤信鼠疫是不可能通過人際之間傳播的。哈夫金很熱情地接待了伍連德，他隨手發給伍連德白服、白帽和膠皮手套，邀請他一道查房。

“當時的情形真是一個困境！”伍連德後來回憶此事還感慨萬分。如果在查房之前向哈夫金索要口罩的話，伍連德擔心此舉被看成是懦弱或缺乏職業勇敢的表現；可是難道就這樣不加防護地魯莽地進入病房？

病房裏八個病人，其中六個中國人，兩個俄國人，每人都躺在各自的鐵床上。全部的病例記錄表明，病人高熱和心率過速。所有病人都很虛弱，一些人輕微咳嗽，另一些人明顯呼吸窘迫、痙攣和咳嗽，並帶有淡粉色的血痰。哈夫金檢查了兩個病人的前胸和後背，伍連德注意到，他並沒有直接面對病人的呼吸。

輪到伍連德時，他只做背部聽診，儘量伸直持聽診器的手臂，有意識地仰起頭與病人保持一定距離。"如果當時我面對病人前胸而不是背部聽診的話，或許今天我就不會活着講這個故事了。"伍連德晚年撰寫自傳時提及這段經歷仍心有餘悸。

當時，哈夫金醫生告訴伍連德：他們已注射了他的叔父所製的疫苗，足夠安全，不需要其他的預防工具。"哈夫金當然提取了血清製成疫苗，但其療效很不穩定，當時很多病人注射之後也只能延長存活兩三天。"馬學博老師介紹說。可在當時，哈夫金對自己叔叔的疫苗堅信不疑，也不相信伍連德的"飛沫傳播"理論。直到梅斯尼（Mesny）的死，才改變了這一切。

當伍連德要求增派醫務人員的電報發出後，北京方面開始向全國的各類醫院和醫療機構徵集志願者醫生和受過訓練的護士到東北。令人欣慰的是，面對如此惡疾，報名支援東北的中外醫生和醫學院的學生十分踴躍。

　　第一位前來的志願者是法國醫生梅斯尼。梅斯尼來華多年，曾是一名軍隊外科醫生，時任天津北洋醫學堂首席教授。1908年唐山曾發生一次死亡八百人的小規模鼠疫，在梅斯尼的主持下得以控制，因而他也深得信賴。

　　伍連德對梅斯尼的到來十分高興。他迫不及待地想把發生在哈爾濱的疫情告訴他。但當他介紹完疫情，以及自己的肺鼠疫結論後，他發現這位老朋友的情緒不太對頭——伍連德後來才知道，來哈爾濱之前，梅斯尼在奉天拜訪了錫良。梅斯尼認為伍連德經驗不足，認為自己更有資格取代他，出任東三省防疫總醫官，不料卻被錫良婉拒。

　　伍連德迴避了與梅斯尼發生正面衝突，他給施肇基發了一封辭職電報。為了能讓防疫工作進行下去，情願把防疫總醫官的職位讓給梅斯尼。整整三十八個小時之後，他收到北京的回電：決定召回梅斯尼，仍由他繼續擔綱三省防疫。

　　可是幾天後，伍連德卻意外得知梅斯尼生病的消息。1月5日，梅斯尼前往哈爾濱鐵路醫院，在沒有戴口罩的情況下，先後診斷了四名傳染者。三天後，在俄國大飯店，梅斯尼頭痛、發燒、徹夜不眠。

　　小哈夫金將他轉到俄國人病房，在檢查中發現了鼠疫桿菌。小哈夫金為他注入了兩支血清，但毫無效果。1月11日，梅斯尼去世，距離他去鐵路醫院僅僅六天。

治疫大戰

　　梅斯尼之死，震驚了哈爾濱。俄國人封閉了他住過的大飯店，將他的衣服、用品付之一炬。而對伍連德來說，梅斯尼之死使他的地位也發生了一個微妙的變化。周圍的人不再對他的“肺鼠疫”理論不屑一顧，而之前被很多人認為反應過度的“伍氏口

1910 年的哈爾濱街景

罩"，從此都被牢牢地戴上了。

特殊時期的伍連德，正如他後來所形容那樣，"扮演了一個龐大組織總司令的角色"，"給醫生、警察、軍隊，甚至地方官吏下命令"。出於對疫情的恐懼和對科學的尊重，人們也很服從他。

1911 年的 1 月，是疫情最危急的時候，卻也是醫生增援最多的時候。有了同行們的幫助，伍連德的工作進展順利了許多。他們幾次開會商定了一系列周密的防疫方案，一場與死神的較量開始慢慢展開。

在伍連德的指揮下，傅家甸被分為四個區。每區由一名醫藥大員主持，配有兩名助理、四個醫學生和為數眾多的衛生夫役與警察。救急隊內分診斷、消毒、抬埋、站崗等諸多崗位。每天，各區派出四十多支搜查隊，挨家挨戶檢查疫情。一旦發現有人感染鼠疫，立即送到防疫醫院，把他們的房子用生硫磺和石炭酸消毒。

為了成功地執行分區防疫計劃，專門從長春調來了由 1160 名士兵組成的步兵團。他們被安置在城外一家空曠的俄國麵粉廠裏，任務是對疫區內進行交通管制。政府規定，傅家甸內居民出行必須在左臂佩戴證章，根據各區不同證章分為白、紅、黃、藍四種。每個區的居民在左臂上佩戴不同的證章，可以在本區內活動，但要去別的區域，必須申請特別准許證。就連區內的軍人們也必須嚴格遵循這一規章，不許隨便走動。嚴格的警力，使得

“任何人偷越封鎖線幾乎都是不可能的”。

正在城市周邊擔任封鎖任務的六百名警察被撤換，在接受防疫培訓後，被分配到防疫局醫生直接控制的四個分區和防疫站。伍連德後來評價說，這支隊伍後來被證明“有巨大的價值”。

按照收治病人的病情，診病院分為疫症院、輕病院、疑似病院和防疫施醫處幾種。各病院中均設有醫官、庶務、司藥生、看護、巡長等職務。既為不同病情的病人提供了治療，又避免他們之間交叉感染。“‘疑似病房’的提法是伍連德首創的，直到現在我們還在使用。”中科院微生物研究所程光勝研究員說。這也足以證明伍連德的能力和遠見。

傅家甸的防疫措施為整個東北做了一個表率。隨後，哈爾濱俄人居住區、奉天、長春、黑龍江全省紛紛仿照傅家甸的模式建立起防疫體系。

在後來的奉天國際鼠疫大會上，有人總結：“在新的防疫機制建立之前那個月，死亡人口總數為 3413 人，在新的防疫機制建立的時候，幾乎每天死亡 200 人，但在三十天後死亡記錄為零。”

伍連德向中東鐵路公司借了一些火車車廂暫作臨時隔離營。新年後，糧台一帶（今道外八區體育場）鐵路線上停靠了六十節“瓦罐車”，用做臨時隔離營，收容鼠疫患者家屬和接觸者，以及出現咳嗽等症狀的疑似者。醫生每日診察，如果連續七天體溫正常，即解除隔離。有些貧民在此一日三餐，還有火爐取暖，溫飽無憂，竟然樂不思歸。當年的報紙曾以《貧民之愛坐火車》為題報導："傅家甸防疫局前由鐵路公司借去火車數十輛，專為調驗與瘟疫可疑之人，每日飯食自然由防疫局供給……"

伍連德最終借了 120 節火車車廂，用作隔離營。在後來的國際鼠疫大會上，他還將此作為最重要的經驗："這是一種最有效的隔離方式，在鐵路附近的任何地方，都能很快建立起來。"

斷絕交通

當時的哈爾濱，是世界上最大的大豆集散地和交易市場。這裏聚集了大批從山東和直隸兩省進入東北的勞工。除了普通勞動力外，數以千計的小商販也隨季節變化，向北移動。雖然對這部分流動人口並沒有一個精確的統計數據，但十萬人並不是一個被高估的數字。當時正值年關，按照中國人的傳統觀念，他們必須要千方百計回鄉過年，這些龐大的人群中，必然包含為數不少的鼠疫感染者。一旦春節返鄉潮開始，瘟疫勢必會傳播到關內。

鼠疫爆發之初，人口流動沒有受到任何限制。當時每天約有一千多名勞工乘火車從北部疫區而來，再轉乘中國人管理的鐵路繼續南下，所以奉天一度成了鼠疫重災區。當時也有人強烈要求關閉長春到奉天的鐵路交通，但未被採納。

1 月 11 日，也就是梅斯尼去世當天，錫良給北京軍機處發了

火車車廂改建的隔離營

一份急電。他以"萬萬火急"的字眼，籲請朝廷禁絕滿洲交通：

"此次疫症，因東清、南滿火車往來蔓延甚速……（應）於火車

經過大站添設病院、檢疫所，凡乘火車由哈赴長、由長赴奉之商

民，節節截留，一體送所檢驗，過七日後方准放行。"

經過交涉，日本控制的南滿鐵路於 1911 年 1 月 14 日停駛，

俄國控制的東清鐵路，其二、三等車於 1 月 19 日停票，頭等車採

取檢疫辦法。東北境內的交通基本停頓下來。山海關是從東北進

入關內的必經之路，1 月 13 日清政府還在山海關設立檢驗所，凡

是經此南下的旅客都要在此停留五天予以觀察。這些措施是如此

嚴厲、如此徹底，以至於太子太傅、欽差大臣鄭孝胥從東北返回

時，也毫無例外地在山海關停留五日後才得以返京。

　　也許是出於對疫情蔓延的恐懼，清政府對交通的控制也不斷升級。1 月 15 日，陸軍部更派軍隊駐紮山海關，阻止入關客貨；1 月 21 日，又下命令"將京津火車一律停止，免致蔓延"。至此，關內外的鐵路交通完全斷絕。"當時天津衛生局專門制定了查驗火車的章程，甚至要求連進貢的貢品也必須檢查，這說明清政府及有關部門的防疫措施是極其嚴格的。"遼寧大學歷史文化學院教授焦潤明這樣說。

　　可是對當時的管理者來說，對現代醫學缺乏常識的普通民眾也是防疫的阻力之一。當時的奉天還發生過這樣一個事件：1 月 14 日，最後一列載着苦力的列車離開奉天前往山海關。可是，在向南奔馳的列車上卻發現兩個死於鼠疫的感染者。

　　第二天，載着四百七十八名勞工的火車沿着原路返回到奉天，被安置在鐵路車站附近的客棧裏。周圍設置警戒以防止他們逃跑。1 月 23 日，一百多名勞工舉行暴動，從客棧中逃了出去，沒有人知道他們跑到了哪裏，而一週後奉天的死亡人數突然暴增……據《盛京報》報導，當時奉天隔離所有規定"若有敢圖潛脫者當即擊斃以杜後患"，大概與此事有關。

下令焚屍

一切都佈置妥當，但兇險的鼠疫似乎不甘心就此落敗，還在顯示它最後的餘威。最多的一天竟然傳來一百八十三人死亡的報導。

作為與鼠疫作戰的總指揮，伍連德知道"對手"的兇險，他必須全力以赴，不能有絲毫掉以輕心之處。很快，他又發現了一個巨大的隱患。

1911 年 1 月的一天，伍連德來到北部的一個墳場。眼前的一幕，又讓他驚呆。時值隆冬，地上的積雪有五六寸厚，雪地上一排排棺木和屍體露天停放着，如長蛇陣一般綿延一里有餘。

鼠疫發生之初，政府為死者提供棺材安葬他們；在街上發現的屍體也由政府出面收集，放進棺木運到墳場。到了後期，當死亡人數越來越多時，屍體也便被直接放在墳場。隨着天氣漸冷，土地被凍得堅硬，不要說深挖洞，就是想挖一個淺坑，都非常困難。所以這些屍體都被隨意棄之於墳場地面上，已經至少六週有餘。伍連德注意到，這些屍體各種姿勢都有，有的甚至還保持着坐姿，這大概是因為在垂死之際被家人扔出來，而他們在極度寒冷的天氣裏做了最後取暖的努力。

當時的伍連德憂心這個墳場會變成一個巨大的鼠疫桿菌的大冰櫃。如果有老鼠或其他動物接觸到這些屍體，再由動物傳染給城裏的人，那麼一切防疫措施都將化為烏有。

"伍連德憑藉直覺，感覺鼠病菌在地面下也是可以存活的，但是他當時並沒有時間去做實驗證明這一點。後來俄羅斯專家果然證明了這一點——在哈爾濱嚴冬的極低的溫度下，肺鼠疫的病菌至少能存活三個月。"馬學博老師說。

當務之急是必須儘快處理掉這些屍體，唯一的辦法是集中火葬。可是伍連德也知道，這對當時的中國人來說將是一個多麼巨大的挑戰。

即便是生長在海外的伍連德，也不敢貿然挑戰中國人的倫理觀念。他思來想去，最好的辦法，唯有上書朝廷，請皇帝下一道聖旨，才能平復民間的反對。不過，伍連德也知道，他首先要贏得當地官員和鄉紳的支持。這一點進展得異常順利——他讓那些人跟着他一道坐車去墳場看那可怖的場景，他們便一致同意。於是，當伍連德給清廷上書，請求頒佈准許火葬的同時，哈爾濱的官商紳士們也聯名向吉林總督（當時哈爾濱屬吉林境內）陳情，希望批准火葬。他在給朝廷的奏摺中很明確地提出：朝廷如果不批准，那麼最終結果就是整個東北全部歸俄國所有。還不算太糊塗的攝政王載灃艱難而明確地選擇了前者。

1月30日，他們終於收到外務部發來的電報批准。第二天一大早，伍連德立即行動起來——伍連德後來在萬國鼠疫大會上詳細介紹了當時的處理方法：他僱用了200名工人，把棺木和屍體以100為單位，分成22堆。先是用炸藥爆破，挖了一個20英尺見方、10 英尺深、每次能夠裝 500 具屍體的大坑。然後，按照每百個屍體 10 加侖的標準，用消防車在屍體上面澆上煤油。火點起來，屍體迅速猛烈地燃燒起來，2200 多具屍體就這樣灰飛煙滅了。伍連德後來寫道，目睹親人遺體化為灰燼，兩萬名傅家甸市民面無表情，"呆呆出神"。

對於伍連德如何以專業精神以及敬業之心，指揮這場鼠疫，《遠東報》的一則評論也許能最充分地體現："哈爾濱防疫局總醫官伍連德自到哈以來，辦理防疫事宜，不辭勞苦，聞日前，在東四家焚燒疫屍，防疫局委員等皆不欲往前監視，伍醫官自赴該處點查屍數，親視焚燒，俟焚化淨始行回局。"

當時，俄國防疫部門的相關人士也在旁觀看了具有歷史性的焚屍過程。後來他們也效仿中方的做法，把轄區內染疫屍體，無論是新近死去的還是已經腐爛的，全部火葬。2 月間，俄方共焚化了 1416 具屍體，其中 1002 具屍體是從墳墓中掘出來的。

1 月 31 日這一天，為當時的哈爾濱市民留下了一個最特別的記憶——這一天，是中國傳統的大年初一，他們卻目睹了中國歷史上的第一次火葬。此時，傅家甸已經有 1/4 的人染鼠疫死亡。

適逢春節，防疫部下發傳單，號召大家燃放爆竹，沖沖晦氣。伍連德也深知，從科學的角度，爆竹裏的硫磺同樣有消毒的功效，所以他也期望新年爆竹能把籠罩在傅家甸上空的死亡之神驅趕走。

　　説來多少有些神奇，從大年初一這一天起，人類與瘟疫角力的天平終於發生了傾斜，這一天，傅家甸的死亡人數從一百八十三名下降為一百六十五名，"此後日漸消減"，而且再也沒有回升過。

　　1911 年 3 月 1 日午夜，當鼠疫死亡人數為零的報告傳來時，坐落在哈爾濱傅家甸的防疫總部內一片沸騰。幾日後，鑒於鼠疫死亡連續多日為零，防疫委員會宣佈解除對傅家甸的隔離。

由醫生和武夫把關的疑似病院

追查病源

伍連德與助手林家瑞到達哈爾濱的第二天，當地最高行政長官于駟興向他介紹情況時便提及，這場瘟疫的最初感染者，均是在滿洲里一帶草原獵捕旱獺的關內移民，這是伍連德在疫區第一次獲得有關旱獺的信息。離開關道衙門乘上馬車，他注意到一身俄羅斯人裝束的山東馬車夫，頭上戴的正是一頂旱獺毛皮帽子。

20世紀初，在北滿和西伯利亞一代活躍着捕捉旱獺的獵人，他們發明了一種工藝，只要對旱獺的皮毛進行適當加工，其成色堪比貂皮。一時間，旱獺皮冒充的貂皮成為國際市場的新寵，價格連年看漲。1910年，每張旱獺皮的售價比1907年猛漲了六倍多。在巨額利潤的吸引下，很多中俄商人紛紛招募華工捕殺旱獺。1910年，僅從滿洲里一地出口的旱獺皮就由1907年的七十萬張，增加到兩百五十萬張。

國際市場的需求，刺激了捕獵旱獺的熱潮。當時，正逢山東、直隸兩省連年遭災，大批流民北上闖關東。滿洲里草原上的捕獵者曾達到一萬多人，許多毫無捕獵經驗的關內勞工也加入了獵獺隊伍。《盛京時報》在追述疫情源頭時曾這樣描述："山東直隸兩省無業遊民相率獵滿洲里山中，而山谷流血，原野厭肉，其狼藉實不堪形狀。"

旱獺，英文名字叫土撥鼠（Marmot）。牠其實是一種非常聰明的動物，對人類和其他動物的襲擊保持着高度警惕。自然界動物具有自然形成的防衛本能，旱獺一旦染上鼠疫就會失明、失聲、行動遲緩，並被健康的同類逐出巢穴。有經驗的獵人都能分辨出染病的旱獺，絕不會輕易將這樣的獵物捕獲帶回。但是在高額利潤的刺激下，一些流浪的山東苦力，不加選擇地捕獵；在東北冰天雪地的原始森林中，捕獵者渴了喝雪水，餓了把旱獺的肉燒煮吃掉，真應了那句話：無知者無畏。

集得二十多張獺皮後，獵人們便在簡陋的客棧過夜。這些客棧非常簡陋，往往幾十個人擠在一張大炕上。冬天為了保溫，門窗緊閉，這種封閉式溫暖、潮濕的環境極易造成鼠疫菌的傳播。一旦有人感染，全客棧無人倖免。當他們乘火車返鄉，鼠疫就開始在中東鐵路沿線星火燎原般蔓延。中東鐵路的樞紐哈爾濱首當其衝，東北兩次肺鼠疫大流行它都未能倖免，且淪為疫區中心。

"在此之前，人們一直懷疑這場瘟疫是由老鼠傳播的；可是在捕獲的老鼠身上又並沒有發現鼠疫桿菌，也就是說老鼠之間並沒有發生鼠間鼠疫，再結合之前于馴興的情況介紹，伍連德已經開始懷疑旱獺，因為旱獺也是一種齧齒類動物，鼠族的一種。"馬學博老師說。

馬老師還說，1905 年左右，在俄羅斯境內也發生過小型鼠疫，當時去調查疫情的俄國細菌學家扎博羅特內（Zabolotny）已經注意到了旱獺與流行病的關係，只是當時沒有分離出鼠疫桿菌。"這些信息伍連德肯定都會知曉。三個月的防疫實踐更加確證了他的判斷，只是當時忙於應對瘟疫，還沒有時間進行實地考察和實驗室檢驗。"

哈爾濱的鼠疫被控制以後，1911 年 7 月，伍連德與扎博羅特內等人組成中俄聯合考察隊，到滿洲里與西伯利亞及蒙古交界地一帶，實地考察旱獺的情況。"他們在鐵路沿線某處發現了旱獺'大本營'，周圍一百英里到處是旱獺，他們通過研究獲得了非常寶貴的第一手資料。"馬學博說，其實從 1905 年到此次大爆發，由旱獺引起的鼠疫每年都發生，但是因為俄屬遠東地區人煙稀少，居住分散，加之俄國方面控制嚴密，才沒有釀成大型瘟疫。

疫情後恢復繁榮的哈爾濱

眾志成城

　　哈爾濱鼠疫之後，伍連德又轉戰長春、瀋陽等地，經過努力，到 4 月底，東北三省各地的鼠疫被全部消滅。這是人類歷史上第一次依靠科學手段，在人口密集的大城市成功控制傳染病的行動。這一年，伴隨着各地報館雨後春筍般的出現，無論關外的《盛京時報》、《滿洲日報》、《奉天公報》，還是關內的《北京日報》、《申報》、《大公報》，乃至眾多日俄媒體……幾百份報刊連篇累牘地報導着滿洲鼠疫，以至於鄭孝胥也感慨"竟成世界新聞"。伍連德自然一舉贏得廣泛的讚譽。《遠東報》評價："其能以如此有效者，皆賴伍醫士連德之力。"

　　然而，當我們重新回顧這段歷史時，公允地說，如果沒有一個有力的社會支持系統，伍連德的"科學主義"也難以奏效。

　　第一位當然是慧眼識才的施肇基。當伍連德被緊急任命為"東三省防疫全權總醫官"時，是施肇基連夜準備護照、信件、電報等必需文件。他還與伍連德約定，到現場後互發英文電報保持通訊，電報由他負責翻譯後辦理。這無疑給了伍連德很大支持。在收到伍連德關於焚燒鼠疫患者屍體的奏請之後，也是施肇基連夜去攝政王府，呈請准奏。伍連德後來在其回顧錄的扉頁說，將此書獻給他一生中最重要的兩人——一位當時在美國，另一位是他在英國的導師。這第一位指的就是施肇基。而令人感動的是，施肇基在自己的回憶錄裏熱情讚揚伍連德，卻對自己的舉動隻字未提。

另一位給予伍連德極力支持的，則是錫良。在晚清風雨飄搖的殘局中，錫良的種種手筆，為他贏得了晚清名臣、"一代能吏"的名聲。當資歷更老的梅斯尼對伍連德提出質疑時，是錫良堅定地給予伍連德支持和信任。值得一提的是，奉天的檢疫、防疫是由錫良直接負責的。他多次謝絕了日本要任命日本醫生為防疫總負責的要求，聘請與之私交甚好的英國傳教士醫生司徒閣作為總顧問，全權負責整個城市的檢疫、防疫事務。

在這場鼠疫大戰中，錫良可謂恩威並用。一方面，他奏請"出力人員，照軍營異常勞績褒獎。其病故者，依陣亡例優恤"。他的請求也很快得到清廷的批准。"吉林、黑龍江兩省都分別制定了有關防疫捐軀人員的撫恤金，比如醫生撫恤銀一萬兩白銀，學生撫恤銀五千兩等。"焦潤明說。另一方面，錫良對一些官員也毫不軟弱。吉林西北路道于駟興、吉林西南路道李澍恩都以 "防疫不力"而被革職。用今天的眼光來看，錫良還十分注重信息的透明，發電中東鐵路各州縣，要求把鼠疫每天在各地的流行情況及時用電報進行彙報，而且"所有關於防疫電報一律免費"。

更不該被遺忘的，是那些寂寂無名的醫務工作者。當初因為對這場鼠疫強烈的傳染性認識不足，當地的醫務人員損失慘重。比如僅長春一地就有一百六十六名衛生人員染疫殉職；而在長春隔離所，十九名職員全部被感染，十八名不幸殉職。

這批獻出生命的醫務工作者，也有一些包括梅斯尼在內的外籍人士。其中有一位是來華不到三週、年僅二十六歲的蘇格蘭醫生嘉克森。他當時的工作是在奉天到山海關的火車上檢查是否有疑似感染者，卻不幸自己染病。嘉克森去世後，專程趕到奉天來認領骨灰的親屬將清政府發給的一萬塊銀元撫恤金全部捐獻出來，捐作修建奉天醫科大學之用。

這場抗疫的勝利，是 20 世紀中國醫學的里程碑。此後中國便開始設立永久性防疫機構。1935 年，伍連德成為了第一個華人諾貝爾獎候選人。

奉天醫科大學附屬醫院舊照

研討表彰

　　1910 至 1911 年東北鼠疫後，清政府主持了第一次國際學術會議，也是中國歷史上的第一次國際會議——奉天萬國鼠疫研究會即國際鼠疫大會（International Plague Conference）。清政府在應對 1910 年末至 1911 年初東北三省（黑龍江、吉林、遼寧）爆發"鼠疫病"的過程中，認識到亟需向國外學習先進的防控經驗，特邀請各國醫學專家來華共同商討防疫大計，因此此會議是在"研求善法，為以後防疫之根本"的前提下召開的。

　　大會在晚清政府的倡議下，由這場抗疫大戰的核心人物伍連德在奉天（今瀋陽）小河沿惠工公司陳列室內主持召開。會議共有來自十二個國家的三十四位正式代表參加。會議總結了 1910 年中國醫學家成功控制東北鼠疫爆發和治理的經驗，此會從 1911 年 4 月 3 日（農曆三月初五）開始，至 4 月 28 日（農曆三月三十）閉會，歷時二十五天。其間共舉行大會二十四次，形成文本決議四十五項，確定了許多國際上通行的防疫準則，並為以後的國際防疫合作奠定了夯實的基礎。同時，這次國際防疫會議也極大地推動了中國近代公共防疫合作事業的發展。

　　由於此會作為中國第一次國際防疫學術大會，亦為中國近代"傳染病"學國際關係史及近代防疫史上一次非常重要的歷史事件。故當該會召開伊始，當時的三大媒體《申報》、《大公報》、

《盛京時報》就都進行了跟蹤報導。官方也作了記錄及其會後的資料彙編。此外，民間史學家陳垣和杜山佳先生對此次會議也分別作了《奉天萬國鼠疫研究會始末》和《萬國防疫會記》等著述。

在此次"鼠疫病"爆發後的一百多年後，當時的驚心動魄已經漸漸被人們所遺忘。所幸的是，紀念幣的存世，記載了這個故事。晚清政府為了表彰和銘記對此次防疫做出極大貢獻的醫護人員及國際友人，特下旨"度支部造幣總廠"（原戶部造幣總廠）雕模鑄製了金質和銀質的紀念幣數十枚，贈予參與此次救援工作的人和參會代表作為紀念。

仔細審視該紀念銀章藏品，正面用實線內環，65 個小圈，鋸齒狀外環與幣邊道圍着中間的雙龍騰飛戲火珠，兩龍的爪在跨越兩朵玫瑰。龍頭、眼、鼻口、龍鬚、龍鱗、龍爪、九龍尾，龍頭左右上下的浮雲，細節鑴刻精細，鑄造工藝精湛，令龍圖栩栩如生，展現了中國龍的氣魄和民族圖騰。幣背中間用實線內環圍繞着"肺炎病菌懸置血球圖"。外環中英文雙語註明"大清帝國宣統三年三月，奉天萬國鼠疫研究會紀念"等字，莊重又具有歷史意義。

由這枚紀念章回首百年，我們不得不佩服伍連德這位三十一歲的醫生，東北大瘟疫勝利的取得，不是因為特效藥，甚至當時都沒找到傳播源和最初感染者，而是他帶領大家做對了一件事：隔離，從而把疫情鎖定在東北之內。

　　百年過去了，嚴重的疫情再次席捲全球，在感慨當代各國面對疫情，各自處理差異的同時，我們也要深刻地認識到：這枚誕生在一百多年前、凝聚了中外醫護人員光榮和友誼的紀念幣表明：中外之間並無根本的、絕對不可調和的矛盾，只要在觀念和制度上求同存異、互相尊重、互不干政的情況下，雙方是可以展開友好合作，取得共贏的。

Delegates to the International Plague Conference, Mukden, 1911.

First Row:—Dr. Broquet (France)
Dr. Galeotti (Italy)
Dr. Strong (America)
Dr. Zabolotny (Russia)
Dr. Kitasato (Japan)
Dr. Wu Lien Teh (China) President
Dr. Martini (Germany)
Dr. Worell (Austria Hungary)
Dr. Shibayama (Japan)

Second Row:—Dr. Haffkine (China)
Dr. Gray (Great Britain)
Dr. Farrar (Great Britain)
Dr. Fang (China)
Dr. Fujinami (Japan)
Dr. Aspland (China) Medical Secretary
Dr. Christie (China)
Dr. Chuan (China)
Dr. Shimose (Japan)
Dr. Teague (America)

Third Row:—Dr. Petrie (Great Britain)
Dr. Di Giura (Italy)
Dr. Signorelli (Italy)
Dr. Koulerba (Russia)
Dr. Stanley (China)
Dr. Hill (China)
Dr. Wang (China)
Dr. Chabaneix (Deputy)

奉天萬國鼠疫研究會（主要參會者合影）

第十一章

先聲奪人

中華民國開國紀念幣

　　清末攝政王載灃處理政務的水平，卻不似處理疫情那麼成功。1909 年 10 月 4 日，北京，病榻上的晚清“中流砥柱”張之洞對來看望他的載灃說，要善撫民心，“輿情不屬，必激變”。而載灃不以為然地回曰：“不怕，有兵在。”

　　可是激變的，正是這些兵。兩年後，辛亥革命爆發，革命以四川的保路運動為開端，武昌起義為高潮，清朝覆滅為結果。大致經過，就是清政府鼓勵民間投資修鐵路，投完資了又宣佈收歸國有，激起民變，四川榮縣第一個宣佈脫離清政府。清政府急忙調動張之洞所培育的武昌的南洋新軍去鎮壓，武昌城內空虛，幾個反清社團臨時組成的革命黨人團體立即策動本就心存不滿的新軍起義。隨後的一個月裏，各省紛紛響應，清政府的封疆大吏有的棄職逃命，有的被迫表示擁護獨立。有的地方乾脆在舊衙門前掛上一塊革命軍政府的牌子，清朝的官吏搖身一變，就成了革命軍政府的大員。他們中有相當一部分都在見風使舵地觀望變化。

　　武昌起義的直接發動者是農民出身的士兵和資歷甚淺的組織，他們並不懂得怎樣把政權掌握在自己手中，也沒有更大的野心。他們以為有名望、有地位的人才能執掌政權，而起義者裏面實在沒有個像樣的，於是就把那個被起義嚇得躲了起來的清軍將領黎元洪，從床底下拖出來，用槍逼着他擔任革命軍政府的都督。黎元洪就這樣成了中華民國的“革命元勳”。這一情節在中國內地的教科書上也有記載，令很多不知背景者頗為困惑。

　　令很多人或感意外的是：這個過程中並沒有孫中山本人的直接參與。然而在台灣，人們自幼被那些移花接木的圖片和文字熏陶，都深信不疑地認為是他直接作為軍事首領，甚至到前線指揮戰鬥來武裝推翻了滿清，從而被奉為"國父"。其實早在1895年，即辛亥革命的十六年前，孫中山就因為反清活動遭到通緝，流亡東南亞、英國、日本和美國多地，在1907年，被日本政府應清政府的要求，驅逐出境後去了東南亞和美國。

　　此後孫中山在美國的境況相當糟糕，哥哥孫眉已經破產，華僑也不買他的賬。依據是《孫中山自述》中有這樣一段重要文獻：

　　……文曰："居正從武昌到港，報告新軍必動，請速匯款應急"等語。時予在典華，思無法可得款，隨欲擬電覆之，令勿動。惟時已入夜，予終日在車中體倦神疲，思紛亂，乃止。欲於明朝睡醒精神清爽時，再詳思審度而後覆之。乃一睡至翌日午前十一時，起後覺飢，先至飯堂用膳，道經回廊報館，便購一報攜入飯堂閱看。坐下一展報紙，則見電報一段曰："武昌為革命黨佔領。"如是我心中躊躇未決之覆電，已為之冰釋矣……

　　由此可見，孫中山是看報紙才知道革命爆發了。接下來一個重要問題馬上擺在面前：下一步，應該做什麼？表面上看，馬上回國，投入革命第一線，似乎是最合理的選擇——如果他即刻動身坐船，20日左右便可抵達上海，"親與革命之戰，以快生平"。

可是冷靜下來，孫中山決定暫留國外。在他看來，在這關鍵時刻，西方列強對新政權的態度極為重要，所以外交活動是"可以舉足輕重為我成敗存亡所繫者"——如果在中國駐有軍隊的西方大國為維護從清政府手中獲取的特權，幫助清廷鎮壓革命，則可能重蹈太平天國的覆轍；反之，如果列強能支持這場革命，則勝利的把握就更大。

以孫中山對當時國際形勢的判斷，"列強之與中國最有關係者"，有六個國家：美、法、德、俄、日、英。其中，美、法二國，"則當表同情革命者也"；德、俄二國，則是反對革命的；"日本則民間表同情，而其政府反對者也；英國則民間同情，而其政府未定者也"。孫中山於是立即馳往華盛頓，但未獲政要接見，到歐洲亦同。

1911 年 12 月 25 日，"地灣夏號"郵輪緩緩地在上海靠岸。孫中山由於此前十餘年的多次反清活動，以及出版過一本書《倫敦蒙難記》，描述了他曾在英國被清政府緝拿的遭遇，從而在國內外具有很高的聲望。回國後報紙上傳言四起，眾人皆以為他是帶着巨額的外國援助回來的，加上當時群龍無首的情況，於是就當仁不讓地成了革命黨人的最高首領。

看這些記載，有人會覺得武昌起義好像與孫中山並不相干，其實還是有一定關係的，體現在以下三個方面：

首先，武昌起義的發起者文學社和共進會，與同盟會有着深

厚的淵源關係和實際上的聯絡關係，同盟會是孫中山創立的。

其次，孫中山組織成立的同盟會從主要領導人、重要骨幹到一般成員有不少人參加了武昌起義的指揮和戰鬥，參加了起義後革命成果的保衛和革命政權的建設，為武昌起義的勝利作出了重要貢獻。

第三，起義是在孫中山的"三民主義"革命思想指導下進行的。孫中山曾回憶："武昌起事第一日則揭櫫吾名，稱予命令而發難者。法領事於會議席上乃力言孫逸仙派之革命黨，乃以改良政治為目的，決非無意識之暴舉，不能以義和拳一例看待而加干涉也。"這說明武昌軍人、學生參加革命，均是秉承孫中山革命思想的行動。

相比之後幾十年中動輒傷亡上百萬人的大混戰，其實辛亥革命並沒有什麼轟轟烈烈的武裝鬥爭，戰鬥基本上僅限於武漢及鄰近數城。一方面是因為清政府當時爛透了，實在不得民心，一旦有人揭竿而起，就會眾人雲集回應；另一方面則是清政府蓄養多年的重兵北洋新軍，即袁世凱的嫡系部隊尚未投入戰鬥。此前三年清朝廷出於對袁世凱的忌憚而罷免了他，而其他人無力調動此軍。面對南方的革命形勢，此時仍然穩坐紫禁城的權貴們都很"淡定"，畢竟他們認為有足以平息反叛的北洋新軍，事實上這支軍隊也足夠強大。

1911 年 12 月 29 日，宣佈脫離清政府的十七省代表在南京成立中華民國臨時政府，推選孫中山為中華民國臨時大總統。次年元旦宣佈中華民國成立。此時清廷尚掌控北方數省，北洋新軍在袁世凱恢復軍權後，迅速攻下武漢三鎮中的兩鎮，但此後袁世凱命令部將馮國璋不再發動進攻，而是趁此形勢，在清廷和革命黨等各方之間談判，試圖利用革命者所建政府的存在，並虛加聲勢地描繪給滿清貴族，從而逼迫他們就範，實現兵不血刃的國家權柄和平交接。

在這期間由於南京臨時政府的幣制尚未建立，除四川改鑄大漢銀元，福建改鑄中華元寶外，主要的造幣廠仍沿用清朝鋼模鑄造銀元，以供流通需要。為了彰顯新時代的開啟，臨時政府財政部長陳錦濤，於民國元年 2 月呈文已知自己即將下台（下文說明緣由）的臨時大總統孫中山，鼓鑄十萬元紀念銀元以造聲勢。

圖案採用臨時大總統孫中山肖像。孫中山令財政部行文，同意鼓鑄貨幣："中間應繪五穀模型，取豐歲足民之義，垂勸農務本之規"，訓令財政部速製新模，分令各省造幣廠照式鼓鑄。不久，財政部就頒下新模給江南（南京）、湖北、廣東等造幣廠依式鑄造，這就是"中華民國孫中山像開國紀念幣"的由來。

開國紀念幣圖案中，除了明確規定的"五穀模型"，有豆、麥穗之外，還有多處寓意明顯，表現出了濃厚的新時代氣象。比如，隸書"民"字，當時流行將"民"字最後一畫拔高，寓意為推翻滿清，象徵民主勝利（人民出頭），也宣示新政府乃民眾的政府。

圖案中的梅花為左右五瓣梅花各一支，意為五權（立法權、司法權、行政權、彈劾權和考試權）憲法。後即以此為國花。

在背面，中間壹圓二字，輔以嘉禾各一支，每支一穗三葉，意為三民主義（三民主義包括民族主義、民權主義和民生主義）。

此外還有六角星。在中國晚清至民國，金銀元及銅幣上所鑴花星有梅花星、菊花星、米字星、十字星、長花星、六瓣星、五角星、六角星及圓點星等多種類別。通常鑴於鑄幣正面中央及背面，背面則鑴於側面兩側，這是區分鑄幣不同版別的重要依據。

有了這些令人耳目一新的設計，新時代與舊時代之間便自動劃出了分野。帝國時代的銀幣上，那些昭示着皇權威嚴、張牙舞爪而又“暮氣沉沉”的龍的形象，就自然從此變成了不合時宜的“老古董”。我們可以看出，南京臨時政府發行此幣，可謂一舉多得，幾乎人人持有、天天見面的錢幣，走進了千家萬戶，又無聲地使民國帶來的新觀念、新氣象逐漸深入人心。

然而，十萬塊銀元這個數量，對於中國這個大國來説，還是太少了。這是因為革命黨人缺錢，十萬塊已是極限。根據歷史學家楊天石考證，南京臨時政府的金庫曾只剩下十塊銀元，1912年2月11日凌晨近2時，與孫中山談判的日方代表急電國內，要求對革命黨人的借款要求“火速給與明確回答”，日本陸軍大臣石本新六認為日本理應享有“滿洲”的一切，無需金錢收買，不予回音，這成為壓垮臨時政府的“最後一根稻草”。沒錢的政府無法維持下去，孫中山頭像的開國紀念幣草草收場，很快就銷聲匿跡。

第十二章

中流砥柱

袁世凱像背嘉禾銀元

從前文中已經能看出來袁世凱的分量，然而那只是他主宰歷史進程前的序曲。刻有袁世凱頭像的"袁大頭"，後來幾乎成了銀元的代名詞。不過很多人並不知道他是中國乃至世界近代史進程中極其重要的人物。也有人並不承認，反而將其當成竊國大盜、民賊獨夫，但他們都無法解釋為何在袁世凱執政乃至身故多年後，印有其頭像的銀元一再鑄造，經久不衰，保有量巨大，以至於即使僻處邊陲，也不難覓其蹤跡。至今年長的老人還都很熟悉"袁大頭"，而不是刻着其他大佬頭像的銀元。這在客觀上反映出袁世凱當時超眾的能力、貢獻和民間威望。所以說，在廣泛流傳的物證面前，一切先入為主的觀念和說法都是蒼白無力的。

載灃在 1908 年掌權後的第一件事就是要找機會殺掉袁世凱。於私，他要報傳說中的袁世凱告密坑了光緒之仇；於公，他要把軍權奪過來。畢竟他在辛丑年為清軍殺了公使克林德而去德國賠禮道歉時，聽過皇帝威廉二世的真傳：軍隊要掌握在皇室手裏。可巧的是這時京城軍營發生騷亂，袁世凱部將段祺瑞以平亂為名入京開槍，載灃聽見啪啪的聲音就屁了。袁世凱此時稱有腿疾而告老還鄉，載灃大喜准奏。被解職的袁世凱回到了河南安陽的洹上村，過起了賦閒垂釣的生活。最初隱居於輝縣，後轉至安陽。袁在此期間韜光養晦，暗地裏仍關心政事，等待時機復出。

武昌起義後，多省紛紛宣佈獨立並成立軍政府，為取得與清政府鬥爭的有利地位，各方反清勢力主張組建中央臨時政府。

北洋新軍是清政府唯一可以對抗起義的力量，朝廷令陸軍大臣蔭昌率軍南下鎮壓起義，但蔭昌沒有駕馭北洋軍的能力。奕劻及內閣協理大臣那桐、徐世昌等人深感局勢嚴重，一致主張起用袁世凱，英美等國公使也建議起用袁世凱，載灃見中外一致認為"非袁不能收拾局面"，只得於 10 月 14 日復用袁世凱，任其為湖廣總督，派其南下，袁世凱卻遲遲不履職。10 月 27 日，清朝廷任命他為欽差大臣。

改革與革命在賽跑。1911 年 11 月 1 日，資政院經過形式上的選舉，任命袁世凱為總理大臣，11 月 13 日袁世凱抵達京師，16 日組織新內閣。此時原本躲在深宮裏的隆裕太后不甘寂寞，也想學一學她那位掌控清朝四十七年的姑姑慈禧，而向載灃施壓奪權。一時之間，載灃可謂是四面楚歌，局勢已經逐漸脫離了他的掌控，以他的能力也沒法再去改變什麼，所以只能辭職。載灃在 1911 年 12 月 6 日向隆裕請辭的時候，隆裕幾乎沒有猶豫。但隆裕豈能有本領在瞬息間手握國家權柄？實權自此落入袁世凱之手。

從諸多史料上看，當時不少革命黨人也認為袁世凱是能領導中國的政治領袖。在南方獨立各省為組建中央臨時政府召開的聯合會中，1911 年 12 月 2 日漢口會議確定"虛臨時總統之席以待袁君反正來歸"。12 月 4 日的上海會議根據漢口會議的精神，決定暫緩選舉臨時大總統，以虛位待袁，同時決定大總統職權暫由大元帥行使，選舉黃興為大元帥，遭到黎元洪等人反對。12 月 12

日，十四省共三十九名代表由武漢、上海齊集南京。在 14 日的全體會議上再次決議：暫緩選舉臨時大總統，"臨時大總統未選定以前，以大元帥暫行其職務"。這實質上是對漢口會議、上海會議形成"虛位待袁"的決定的再次確認與肯定。南京會議改選黎元洪為大元帥，因其家在武昌，不方便到南京工作，所以讓黃興代職。而黃興力辭不就，組建中央臨時政府陷入僵局。12 月 18 日，袁世凱和黎元洪派代表在上海就政體、清皇室善後、大總統的確立等問題展開討論，南北達成共識，召開國民會議表決相關議題，根據當時的形勢，袁世凱無疑將當選民國首任總統。

　　這樣的結果是同盟會不願接受的，12 月 29 日，同盟會連夜赴南京召集代表開會，提出成立政府，並選出孫中山為中華民國第一任臨時大總統。孫中山致電袁世凱，解釋原因稱東南各省久缺統一機關，行動困難，總統之職只是暫時擔任。12 月 29 日，南方十七省臨時代表選出孫中山擔任中華民國第一任臨時大總統，1912 年 1 月 1 日在南京宣佈民國成立，孫中山就任。當時革命黨聯合的軍隊節節敗退，袁世凱的北洋軍勢如破竹。袁世凱一邊打仗一邊談，固有為自己爭取利益的成分，但也有不得已而為之的因素。試想，如果他身居此職而按兵不動或者屢吃敗仗，恐怕會被撤換甚至問罪。

　　1 月 16 日，袁世凱回家路上，在東華門丁字街遭到同盟會京津分會組織的炸彈暗殺，炸死袁衛隊長等十人，袁世凱未受波及。1 月 18 日，孫中山以提出《五條要約》的方式向袁世凱攤牌，試圖將南京臨時政府之生米煮成熟飯。經過反覆修改，於 1 月 22 日以公諸報端的方式將幕後談判全部曝光，勢同最後通牒，這不但令袁世凱極其尷尬和不滿，也讓朝廷大為震驚和光火。袁世凱以孫中山提出的條件與南北雙方協商的內容不一致為由拒絕接受，袁世凱認為，如果清帝退位後各國不能及時承認中華民國，南京臨時政府又實際上不能統一中國，中國便成分裂甚至無政府狀態，這樣就無法維持秩序，難以對付列強。如果孫中山一定堅持己見，他不得不作廢先前談妥之事。期間，孫中山向多國借款以籌備戰事，但未能成功。袁世凱同意同盟會多人進入總長之列，同盟會最終如願以償。

為了和平結束南北對立，1 月 25 日，袁世凱及各北洋將領通電支持共和政體。2 月 12 日，袁世凱以強大的武力背景和高超的

袁世凱與外國駐華公使合照

談判水平，逼清帝遜位，隆裕太后接受優待皇室的條件，仍居紫禁城，下詔令袁世凱組建中華民國，清朝廷對中國的統治終止。

1912 年 2 月 15 日，南京參議院正式選舉袁世凱為臨時大總統。要求袁世凱赴南京就任總統，但袁堅持於 3 月 10 日在北京就職中華民國大總統。

清代是中國歷史上第一個和平交出權力的中央王朝。袁世凱用談判的方式就使得清帝退位的功勞是極其巨大的，首先，避免了辛亥革命覆滅的危險。北洋新軍的指揮權如果在清廷頑固派的手中，那麼力量對比懸殊的情況下，革命軍幾無勝算；其次，避免了大規模流血的內耗戰爭，以及列強趁機瓜分的危險；再者，很多人沒有意識到的是，避免了中國少數民族從中國分離出去的危險。當時所有革命黨人都強調具有鮮明民族主義的口號：驅除韃虜，恢復中華。那麼在這個命題下，以及四處戰亂的實際情況中，滿、蒙、藏、新疆等少數民族地區勢必要追求自己的民族獨立，而作為漢人代表的革命黨人，無話可說。而袁世凱以更大的格局來考慮，要求清帝在退位詔書上聲明，將大清帝國完整地轉化為中華民國。清帝退位詔書的起草人是張謇，但是詔書的內容是經袁世凱把關的，詔書中有這樣一句話：總期人民安堵，海宇乂安，仍合滿、漢、蒙、回、藏五族完全領土為一大中華民國。

除此之外，1912 年 4 月 22 日，袁世凱又發佈了大總統令，明確宣告蒙、藏、回疆各地方的一切政治俱屬內政。為什麼要發

佈這麼個命令，不就是因為清帝退位後人心浮躁，許多人開始蠢蠢欲動嗎？後來外蒙古策劃獨立時，外蒙古王公就說：我們與漢人同時被滿人壓迫三百年，如今漢人反抗成功了，那我們也要反抗。這樣的說法如何反駁？所以，清帝退位詔書中的這句話直接表明了中華民國作為清王朝領土的接續者，從法理上徹底斷絕了分裂分子拿清帝退位作文章。可以說袁世凱的這個命令是與清帝退位詔書一脈相承，對於維護領土完整皆起到了關鍵作用。

　　清帝退位之後，在北洋新軍兵臨城下的軍事壓力中，孫中山不得不宣佈辭去臨時大總統一職，1912 年 3 月袁世凱出任大總

清代中後期疆域版圖

統。北洋政府鑒於當時的鑄幣、紙幣十分複雜，流通的中外貨幣在百種以上，規格不一，流通混亂，折算繁瑣，民眾積怨，同時也想藉助貨幣改制以解決軍費問題，便決定鑄發國幣。袁世凱在有足夠實力的前提下，為了提高自己的統治權威，把他的頭像鑄於幣面，"袁大頭"由此而來。

1914 年 2 月 7 日，袁世凱以大總統令的形式公佈了《國幣條例》及《國幣條例施行細則》，其主要內容是規定錢幣的鑄造發行權歸民國政府所有，原先清代的各個官局所鑄造發行的壹圓銀元，由民國政府兌換並改鑄，承認它們的價值等同於國幣壹圓的價值。國幣中的主幣是壹圓銀元，其重量是庫平純銀六錢四分零八毫（6.408 錢），材質是銀佔 89%，銅佔 10%，錫佔 1%，一枚成品銀元的重量是七錢二分。規定國幣種類有銀元四種（壹圓、中圓、貳角、壹角）、鎳幣一種（五分）、銅幣五種（二分、一分、五厘、二厘、一厘）。《國幣條例》公佈同年先在天津造幣廠鑄造"袁大頭"壹圓銀元，後在南京、廣東、武昌等造幣廠陸續鑄造。

由於"袁大頭"一元銀元幣型規整，圖案新穎，有明確的重量和成色，容易識別，因此，"袁大頭"銀元很快就被老百姓接受，並很快在全國範圍內流通。此銀元幣型劃一，成色、重量有嚴格規定，也不濫發，因此受到了社會各界高度認同和接受，在國內金融市場上逐步取代了清朝的龍洋，成為流通領域的主幣。

"袁大頭"在貨幣收藏界被稱為銀元之寶，它是中國近千種

袁世凱總統照

近代銀元中流傳最廣、影響最大的銀元品種，也是近代中國幣制變革中的一個重要角色。經過多年鑄造，民間保有量大，加上其不濫發且信譽度很高，成了後世銀元的代名詞。"袁大頭"銀元的通行促進了銀元的統一，也為"廢兩改圓"做出最終答案。如此一來，貨幣的發行量就不再受白銀重量的約束。

此銀元正面為袁世凱左側五分像，上鑄"中華民國 X 年"或"中華民國 X 年造"中文繁體，具有很高的歷史文化研究價值，寓意"民主、共和、憲政及君主立憲"之思想希冀。背面為嘉禾之圖案，沿襲了中華民國開國紀念幣的設計。嘉禾古稱生長奇異的禾，古人以之為吉祥的徵兆。亦泛指生長苗壯的禾稻。典出《書・微子之命》："唐叔得禾，異畝同穎，獻諸天子。"鑄在錢幣之上，寓意國家重視農桑、以民生為本；其另一寓意是取其家和之諧音，寓意"家和萬事興"。

　　故此幣有國泰民安、吉祥如意之願景，是民間大眾收藏中之吉祥至寶，有較高的收藏和研究價值。此幣還有極為罕見的設計師簽字版，由天津造幣廠試鑄樣幣，並未流通。該幣在袁像右側刻有一豎行英文字母"L.GIORGI"，是在華外籍鑄幣專家意大利雕刻師"魯爾治‧喬治"的簽名縮寫，本節篇首的上圖即為此款。

第十三章

功虧一簣

袁世凱帝國紅纓飛龍幣

1912 年 8 月，革命黨人宋教仁牽頭組成了當時中國人數最眾、規模最大的政黨——國民黨。

1913 年 2 月，中國首次根據《臨時約法》的規定，進行國會選舉。國民黨所得議席最多，預備由宋教仁出任內閣總理。3 月 20 日，宋教仁在上海遇刺身亡，革命黨人都認為袁世凱是背後策動的暗殺者。宋教仁之死激起了極大的轟動效應，他的被刺使革命黨人在辛亥革命之後的建設計劃幾乎破滅，國民黨也一時分裂和沒落。

1913 年 7 月，孫中山發動二次革命，武力討伐袁世凱，但被袁擊敗。1913 年 10 月 6 日，袁世凱經國會選舉，正式當選中華民國總統。袁就職之後，堅持一個強有力的中央政府，斷絕了一些革命黨人分省獨立的念想。

1915 年 12 月 12 日，各方代表請求袁世凱稱帝。這或許是當時真實的表達，也或者是袁世凱的有意安排。袁世凱再三推讓後，宣佈接受帝位，復辟帝制，廢除共和政體，改中華民國為中華帝國，廢除民國紀年，改民國五年（公元 1916 年）為洪憲元年，史稱“洪憲帝制”。是年設計鑄造了袁世凱高纓像中華帝國洪憲紀元飛龍銀元。該幣仍由意大利雕版師魯爾治‧喬治雕模，天津造幣廠鑄造。銀元的規格為庫平七錢二分，成色高，含銀量為 90%。

洪憲飛龍銀元共有三個版本，細節不同。統一之處是正面為

袁世凱九分臉正面及胸像，面部稍左側。袁世凱身着大元帥服，頭戴鷺羽高纓冠，胸前佩戴大勳章。背面中央為飛龍圖案，上面鑴"中華帝國"四字，下面鑴"洪憲紀元"四字，齒邊。這時的袁世凱，可謂躊躇滿志，走到了一生權力的巔峰，只可惜，物極必反，盈滿則虧，接下來的事情，正應了其子袁克文寫給他勸誡詩中的那兩句"絕憐高處多風雨，莫到瓊樓最上層"。

當年的 12 月 25 日，一開始假意支持帝制的蔡鍔和唐繼堯在雲南宣佈起義，發動護國戰爭，帶兵討伐袁世凱。貴州、廣西相繼響應。次年 3 月份，袁世凱就被迫宣佈取消帝制，起用段祺瑞為國務卿兼陸軍總長，試圖依靠段團結北洋勢力，壓制南方反抗力量，但起義各省沒有停止軍事行動。這期間袁世凱寢食難安，5 月下旬憂憤成疾，6 月 6 日，袁世凱因尿毒症不治而亡，時年五十七歲。同年 8 月 24 日，正式歸葬於河南安陽市。

其實，直至袁世凱對內宣佈取消帝制帝號為止，他都未正式登基，只有去過天壇祭天，年號洪憲僅在內部流傳，對外仍稱民國，故袁世凱取消稱帝後還是民國大總統。此時滇軍堅持要袁世凱下台，段祺瑞則要求袁世凱交出行政權力和兵權，恢復責任內閣制，虛任總統。馮國璋聯絡各省在 1916 年 5 月 18 日組織召開"南京會議"，但各省區將軍代表謀略不一，會議無果而終。在重大打擊及內外交煎下，難怪袁世凱很快就病故了。

袁世凱作為革命黨的政治對手，國民黨建立的民國政府後期

對他的評價多為負面。後來史學界本着實事求是的原則，評價逐漸趨於多元化，正面評價逐漸多了起來。首先表現在於對袁世凱的主要污點如戊戌告密、竊取辛亥革命果實、刺殺宋教仁、簽訂二十一條等事實真相進行澄清。據袁世凱研究專家、《袁世凱全集》編撰者駱寶善先生稱：除了稱帝這件事情之外，其餘三大罪狀都沒有史實依據；其次是肯定了袁世凱在中國政治、經濟、軍事、教育等各方面的近代化過程中所起到的積極作用，以及他維護國家主權所作的貢獻，最後發展為對袁世凱的肯定評價。

被後人指責較多的是他建立中華帝國稱帝問題。當時倡導袁世凱君主立憲的有楊度、嚴復、劉師培、孫毓筠、李燮和、胡瑛等國家精英人物。袁世凱打算建中華帝國，與楊度等君主立憲人士蠱惑及長子袁克定迷戀太子權位是分不開的，其中最嚴重的是袁克定偽造《順天時報》，營造日本支持袁世凱稱帝的氛圍（此事被袁世凱次子袁克文和女兒袁叔楨無意中發現），袁世凱曾責袁克定"欺父誤國"。但袁世凱主觀上必然是有稱帝意向的，否則身邊之人不至於能在短期內影響他。當時袁世凱已經是終身大總統，還為何要承擔巨大的風險來稱帝呢？

從邏輯上看，相比終身大總統來說，皇帝具有兩個不同點：一是可以世襲，二是更大、更不容挑戰的權威。那麼袁世凱是否為了能夠讓子孫世襲而稱帝呢？

答案是否定的。證據有三點：一是袁世凱任總統三年期間並未突擊提拔其子，稱帝後也並未立太子。二是袁世凱死後，王士珍、張鎮芳等打開金匱石屋，找出了袁世凱留下的繼承者的提名，只見上面親筆寫着：黎元洪、段祺瑞、徐世昌，並沒有自己十七個兒子的其中任何一人。(按照《大總統選舉法》〔袁世凱修改過後〕的規定，前任總統所推薦的三人，將作為總統的候選人，從三人中選出一人為總統，名單寫於嘉禾金簡，藏於金匱石屋內。) 三是袁世凱在南方勢力反對帝制之時，如果真心堅持帝制，完全可以用武力相抗，畢竟他有一批忠心耿耿的擁護者，而且南方勢力在十幾年後才有能力攻入北京。或者實在不濟亦可據

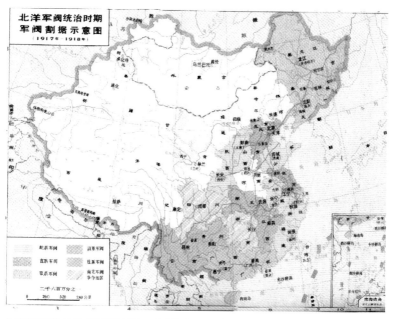

北洋軍閥統治時期軍閥割據示意圖（1917 年－1918 年）

守局部國土分庭抗禮，在外國勢力的扶持下建立小國，就如同十幾年後的滿洲國那樣。但事實證明他並沒有那麼做，而是匆忙取消帝制。

所以排除了企圖世襲之後，可認定袁世凱稱帝的目的僅限於謀取更大的權力。那麼作為一國元首謀取更大權力是為何呢？無非是明確統治秩序、進行改革、對外進行戰爭等。此時中國已無皇帝和皇權，各地軍閥林立，天下無主之後各自為政，貪污腐敗橫行，列強欺侮。所以客觀上存在謀取更大權力以號令天下的需求。從袁世凱去世的次年，中國便各地軍閥割據，連年混戰的事實來看，當時國家分裂的危險已經非常明顯，以皇帝的權威來壓制各地軍閥，在當時的袁世凱看來，未必是一廂情願的想當然，可能會有利於維護國家統一，避免軍閥之間的無序混戰。袁世凱固然有晚年昏聵遲鈍的弱點，高估自己的政治威信，儼然以救世主自許，以為能以一身來扭轉局勢，安定乾坤，以至悍然稱帝。但在袁世凱去世的次年，即有張勳的辮子軍殺入北京城，並沒有受到大的阻礙，就扶持滿清皇室復辟掌權十二天，可以說明帝制在當時中國政治失序、混亂一團的局面下仍有一定的民意基礎，故不可用現在的眼光，來刻舟求劍般地要求當時出身於晚清重臣的政治梟雄具有現代政治家的政治覺悟。

此外，從邏輯和事實兩方面來看，君主立憲不能必然地被認為是歷史的倒退和生產力的束縛，畢竟當時世界頂尖強國中有許

民國初期各省鑄造的袁世凱銀元

多都是君主立憲政體的。皇帝家族在君主立憲的體制下，既能代表抽象和廣泛的公民，又能穿越時間長河去謀取長遠的利益，還能監督政府的執行，同時又難以干預政府的日常事務，的確在現實中也是個不壞的政體選擇，所以迄今英國、日本等諸多發達國家依然設有虛位國王，成為國家的象徵，只要認真履行王室的責任和權利邊界，潔身自好，仍然可以受到國民認可與愛戴。

然而中國的特殊情況在於，滿清的皇族政治無能，對大勢應對失措，昏招迭出，皇帝和慈禧太后更是為萬民所唾棄。百姓們普遍地將具象的糟糕皇帝和抽象的皇權符號等同起來，似乎誰做皇帝都免不了昏庸齷齪，更兼革命黨人掀起的排滿民族主義思想的影響，使清皇室的道德形象完全垮塌。另外，皇帝都是在漫長的歲月傳承和戰爭功績中取得的政治權威，並非一朝一夕之功。袁世凱雖迅速地得到軍心，但尚未得到民心。還有個較為深層次的原因是，即便有了權威，天下人尤其是手中掌握大權之人也會暗暗不服：憑什麼一定是袁氏當皇帝，而不是我呢？在古代，君王們假藉君權神授，百姓懵懵懂懂地認可天子的身份，而辛亥革命後，民主觀念、進化論和無神論在經歷波折後，逐漸深入人心，因此不論是哪個人，哪怕有再大的權威，也很難能夠令所有民眾和同僚折服，從而開歷史倒車，做真正地凌駕於公民之上的皇帝。所以袁世凱稱帝的計劃必然失敗。

但是，現代化的國家治理需要嚴密的層級組織體系，用充分的權力去動員和規範全體國民，確實需要權力的高度集中與明確。過去是大權掌握在以皇帝為代表的統治集團手中，到現代則換成了政黨及其首領，前者只限於血統和出身所形成的統治階層內部，而後者相對公平地按照一定的規則向民眾開放。

袁世凱一生行事謹慎，但只有這一件事大謬，不但落得個身敗名裂，而且匆匆去世後群龍無首，以致北洋政府內訌不斷。三年之後的 1919 年，孫中山寧願得罪黃興等左膀右臂和老資格的革命黨人，也要堅決改組中國國民黨，特別要求所有黨員必須宣誓效忠於他本人，並要親自摁手印以表忠心。這種組織形式保障了領袖的權威，又避免了帝制的弊端。而後世則抑袁揚孫，一國賊一國父，何以落差至此，不得不感慨，歷史的隱微曲折，人性的複雜多面，叫時人如何能看得清、想得明？

幾十年後，超然於政府之上的香港和新加坡總督，用強權建立獨立於公務員體系之外的廉政公署，有效地肅清政府貪腐；蔣經國用強權改革政府，這些似乎和袁世凱的期許有相似之處。雖然，歷史沒有假設，但還是不得不感歎，當年的袁公就沒有這樣的機會和條件保住自己的晚節了。

第十四章

群雄逐鹿

趙恆惕頭像湖南省憲幣

袁世凱去世後，南方派系的黎元洪短暫繼任總統。之後其北洋新軍的老部下競相奪取權力，分裂成不同派系，勢力重點覆蓋北方地區，南方的多個軍閥亦各自為戰，中國更加混亂。

1920 年，湖南軍閥趙恆惕取代了原省長譚延闓開始主持湖南政局。趙恆惕（1880 年—1971 年）本是日本陸軍士官學校炮科畢業，同盟會會員。參加過辛亥革命和二次革命。武昌起義後歷任新軍旅長、軍長等職。二次革命失敗後被袁世凱判刑，獲釋後任湘軍師長、湘軍總司令。可以説，趙恆惕是地道的老革命了。

此時，趙恆惕率領湘軍北上援鄂，與吳佩孚軍隊開戰，大敗而歸，原本災禍連連的湖南更是雪上加霜，民眾中倒趙之聲不絕。為了穩定局勢，趙恆惕立即授意召開新省議會，於 1922 年 1 月 1 日通過《湖南省憲法》，脫離中央進行當時蔚然成風的聯省自治，同時會議以“絕對多數票”使趙恆惕名正言順地當選湖南省的“民選省長”。1921 年 1 月，他邀請一群有頭有臉的湖南士紳成立湖南制定省自治根本法籌備處，要他們用四個月時間擬出省憲。憲法草案於 4 月出爐，8 月獲委員會批准，11 月 1 日交全省公民複決，獲壓倒性多數通過：據稱有一千八百萬人贊成，只有五十萬人反對。

湖南省憲法的頒佈，在理論上保障了人民的基本人權，整頓了當時官場吏治，使人民擁有和平民主的生活環境。這不是當時《大公報》的撰文者所要求的那種獨立湖南共和國的憲法，而且湖

鐵血十九星陸軍旗與五色國旗捆綁在一起的錢幣圖案

趙恆惕肖像

南憲法第一條承認湖南的從屬地位，明文表示"湖南為中華民國之自治省"。

　　這是第一部由中國一省頒行的憲法，光這點，湖南憲法就具有歷史里程碑的重大意義。它讓投票民眾享有前所未見的權力，至少書面上是如此。當時的美國駐長沙領事因此將它與加州州憲相提並論。湖南憲法第四條明訂，"省自治權屬於省民全體"，而省民限於在湖南居住超過兩年的中華民國國民。在另一條還規定：省民不論屬於何種性別、種族或宗教，在法律上一律平等。省議會議員由人民選出，省長由省議會議員選出。

　　由於憲法的頒佈，趙恆惕得以暫時站穩腳跟。為標榜制憲成功，趙恆惕下令鑄造湖南省憲成立紀念幣，分為銀、銅及銀模金鑄等三種材質。其中湖南省憲成立紀念銅幣面值當十或當二十，正面上方有"湖南省憲成立紀念"楷書字樣，正面中間珠圈內嘉禾三橫，寓意民國十一年一月一日湘中、湘南、湘西之三湘，或八卦中乾卦的符號；背面珠圈內為五色國旗和鐵血十八星陸軍軍旗交叉，中結飄帶，當十銅元上方為五角星，當二十銅元為花飾，珠圈外上方為英文"中華民國"，下方為英文"十文"或"二十文"的字樣。

此外還鑄有一種非常罕見的趙恆惕免冠頭像版，背面與上述軍旗交叉圖案相同，正面是趙恆惕的頭像。該幣在審核過程中被趙恆惕否決了，其原因大致是趙恆惕認為此紀念幣不宜有自己頭像出現，個人突出意味過重，與省憲精神不符，故湖南造幣廠就此廢棄不用，沒有再鑄製發行，在原銀元鑄模上撤了正面趙恆惕頭像圖案，換上嘉禾三橫圖案，並保留背面"雙旗"圖案，這就是兩個版本的由來，也反映了趙恆惕的為人品格。

由於民情的複雜和國情的特殊，憲法和自治制度在實際的執行中，並沒有得到當地多數人的擁護和遵守。1926 年 3 月 12 日趙恆惕通電辭職下台，唐生智取而代之。6 月 2 日唐生智被廣東國民政府任命為國民革命第八軍軍長，兼北伐敵前總指揮和湖南省長，7 月唐生智宣佈廢除省憲法，解散省議會，成立省軍政府，湖南省憲也就壽終正寢，在世僅存四年半。

此銀元的存世印證了一個事實：當時的中國並不適合憲法政治和聯邦自治。如果說全國在不統一的情況下無法實施憲政，那麼在湖南這個小範圍內實行的幾年憲政之後被取消，反而成為更符合當地民情的中共蘇區發展土壤，印證了憲政的局限性。在這個時期，有許多武裝勢力都在"中華民國"的名義框架下，施展政治抱負，謀求中國的發展出路。成立和成長於此時此地的中國共產黨所組建的紅軍，也並不是所謂的"共匪"，只是眾多懷有理想的武裝勢力之一，更何況這一時期的中共正在與國民黨合作，醞釀和進行旨在奪取全國政權的北伐戰爭，所以國民黨轉而自居正統，稱中共為"匪"，只不過是逞口舌之強，背後並無道理。

其實，大量此時仍然通行全國的貨幣——袁世凱頭像銀元足以說明事情的另一面：在其發行方北洋政府的角度看，包括國民黨在內的這些武裝勢力都是"匪"。此銀元在民國八年、九年、十年都分別有鑄造，發行全國，證明中國當時總體上仍在北洋政府的掌控之中。

但此時的北洋政府內部並不太平，主要人物如馮國璋、吳佩孚、張作霖等人在鬥爭中輪流掌權，分裂成奉、直、皖三個派系，各自控制幾個省份，為了擁有掌控中央的權力而頻繁發動戰爭。雖號稱民國，但不能以政治協商來解決爭端，相互不服，兵戈不休，百姓徒然受苦。因而，此時的北洋政府並不具有統治全國的合法性，可謂天下之大，唯有德者居之。所以天下群雄四起，中國國民黨和中國共產黨組成的聯軍在南方崛起，屢打勝仗。

第十五章

力不從心

民國十二年龍鳳幣

這章講述人們印象模糊的北洋政府。中華民國在大陸的中央政府分為非常明晰的兩個大時期。前者是從 1912 年至 1928 年，十六年間由北洋軍體系出身的元首和官僚組成的中央政府，史稱北洋政府；後者是 1928 年國民黨和中共決裂一年後，軍隊北伐成功，至 1949 年的二十一年間，由同盟會改組成的國民黨人組成的國民政府。兩個時段除了上述之不同，連國旗、國歌、國徽都不一樣，絕不是後世大多人們所以為的孫中山領導辛亥革命而建立中華民國後，其政黨組成政府進行了三十八年的大陸統治。另外，在國民黨軍隊北伐成功之前，中共已經建立了多個行政區域，並持續存在。所以中共政權的起家，並非"叛亂"於國民政府。

在 1916 年袁世凱去世後，北洋政府經過了三個時期，即皖系軍閥統治時期（1916 至 1920 年）、直系統治時期（1920 至 1924 年）、奉系統治時期（1924 至 1928 年）。

北洋政府的面貌，雖然整體上軟弱混亂，但依然有可圈可點之處。在外交上，由於當時中國仍處於半殖民半封建地社會，加上國際形勢錯綜複雜，因此北洋政府的外交政策時刻都在轉變，從袁世凱的"聯合英美，對抗日、俄"，到一戰時的"親日聯美"，再到巴黎和會的"聯美制日"，北洋時期的外交政策無一不因為國弱而顯得舉步維艱。不過此時的中國已經具有一定的自主權，北洋政府先後挫敗了企圖使西藏分裂的"西姆拉條約"和"麥克馬洪線”計劃，“二十一條”也未被此後的歷屆政府承認。

一戰後，北洋政府以戰勝國的名義先後收回了德國在漢口、天津的租界和奧匈帝國在天津的租界，開創了近代主動收回租界的先河；而因為在一戰期間認可日本攻佔德據的青島，故 1919 年未贏得到國際仲裁而無法收回，引發五四運動。1922 年，北洋政府正式收回青島和膠州灣。十月革命爆發後，北洋政府趁俄內亂之際，果斷決定出兵俄國，並廢除《中俄蒙協約》，趁機收回了俄國在天津、漢口的租界，同時短暫控制外蒙古。1925 年，英國巡捕開槍打死示威學生，釀成五卅慘案，北洋政府以保護英國僑民的名義接管廈門英租界，至 1930 年中華民國國民政府正式完成交接手續。1927 年，北洋政府開始與比利時談判，至 1929 年，中華民國國民政府與比利時政府簽約；1931 年 3 月，中國正式收回天津比利時租界。

北洋政府時期還是中國近代社會轉型的關鍵時期，這一時期的民營企業、華資銀行大規模興起，尤其是第一次世界大戰期間及其後的一段時間，民族資本主義迎來短暫春天，國內工業增長迅速。這一時期的民族工業領域主要集中在輕工業上，尤其是棉紡織業、麵粉業等都得到了前所未有的發展，奠定了近代中國乃至中華人民共和國成立後的一段時期國內產業的基本格局。

1912 年至 1916 年，北京政府頒佈的發展實業的條例、章程、細則、法規等達八十多項，如《暫行工廠通則》、《公司條例》、《商人條例》、《礦業條例》等。這些法令和條例儘管大多仍停留在紙面上，但畢竟意味着中國資本主義得到了合法地位，從而在一定程度上推動了民族工商業的發展。不過這一時期的官僚資本主要是接辦清廷創辦的企業，自己設立的很少。軍事工業主要是從清廷手中接收過來的十幾個機器局，但這些工廠多半處於半停頓狀態，沒有什麼大發展；民用企業也是如此。由於軍閥連年混戰，中央和地方政府都靠借債度日，就連當時官僚資本經營的資本在十萬元以上的二十九家民用企業，總設立資本也只三千二百萬銀元，且大多經營不良，最後多半歸於商辦或停辦。由於連年的內戰，北洋政府時期的軍費開支更是達到了驚人的數目，北洋政府存在的十六年間，全國軍費開支二十四億銀元，相當於1860 至 1937 年工業建設積累的 2.5 倍，這還不包括戰爭造成的其他經濟損失。至北伐戰爭後期，軍費支出約達三億八千萬銀元，而政府的全部收入不過四億五千萬銀元。

　　在文化方面，北洋政府時期相對的言論、出版、結社自由，客觀上有利於新文化運動的發展。北洋政府時期存在着大量的獨立媒體，據統計，辛亥革命之後到袁世凱稱帝前，民間辦的報紙有五百多份。據葉再生先生所著《中國近現代出版史》統計，1920 年全國報刊雜誌有一千多種，甚至“每隔兩三天就有一種新刊物問世”。當時，創辦一新報刊相當容易，幾個大學教授湊在一起，拿出月薪的很小部分就可以創辦一個刊物。研究五四運動史的名家周策縱先生的估計和葉再生先生相同：" ' 五四 ' 時期，即 1917 到 1921 年間，全國新出的報刊有一千種以上。"1927 年日報增至六百二十八種，發行量更是突飛猛進。僅以《申報》為例，1928 年達十四萬份。

北洋政府注重中國傳統文化建設，北洋政府時期中華民國的國歌、國徽充分體現中國傳統文化。另外，袁世凱曾頒佈一系列尊崇倫常、尊崇孔聖文，設立的春節影響至今及未來。北洋政府時期的民主氛圍為思想自由提供了保障，充分地造就了新文化運動的發生和發展。

在新文化運動中，各類思潮和主義在中國大地風行，文化理念呈現多元化。在民主和科學兩面旗幟之下，各種思潮自由傳播，各種學說百家爭鳴，極大地促進了中國人的個性解放和科學文化事業的進步。中國近現代幾乎所有的文化大師如蔡元培、李大釗、陳獨秀、胡適、梁實秋、辜鴻銘、傅斯年、魯迅都湧現於這個時期，當代中國幾乎所有的社會科學和人文學科都是在北洋政府時期奠基的。

不過，從錢幣上即能看出，此時的北洋政府並無絕對的"奇里斯瑪"（charisma 音譯，本義是神聖的天賦）式的威權人物坐鎮，其實是處於一種弱政府的狀態，一種長期內部嚴重失範的狀態；但歷史的弔詭之處也正是在此，北洋時期在歷史上充當了一種轉型和過渡時期的作用，同時也為各種新生力量的滋長提供了

北洋政府時期的國徽

中華民國之初的國旗

北洋政府時期的國旗

還歸二年而廟中苟有歌大化大訓六府九原而夏

道與**注**前編通鑑

歌大化大訓六府九原而夏道與**注**四章皆歌禹之

功因學紀

間卷二

於時卿雲聚俊乂集百工相和而歌卿雲御覽人事

又天部八又藝文類聚天部上祥瑞部上後漢書小崔

傳**注**文選江文通雜體顏特進侍安詩注詊引崔小

異驄

於時俊乂百工相和而歌卿雲帝乃倡之曰卿雲爛

分注和氣之明者也糺縵縵**分注**教化廣遠或以為

雲出岫回薄而難名狀也日月光華旦復旦**分注**言

北洋政府時期的國歌歌詞

恰到好處的空隙。

民國十二年，即 1923 年，北洋政府擬棄用已故去多年的袁世凱之頭像銀幣，更換新的版本並增發貨幣，但北洋政府內沒有任何人能夠有資格或權勢將其頭像印上貨幣。於是只有改採"十二章國徽圖"（俗稱"龍鳳"）鑄幣，但僅有試鑄樣幣，未能正式發行。這充分證明了，當時的北洋政府已經在內耗和對抗反對武裝的戰爭中失去了製造和發行貨幣的能力，從而失去了對全國的有效管理能力。這時候的泱泱大國，竟然還找不出來個設計師來設計錢幣，還得去請意大利的魯爾治·喬治。北洋政府這面招牌已經差不多完成了它的歷史使命，變得岌岌可危。

1924 年軍閥馮玉祥攻入北京，無視政府的協定而將清王室從紫禁城驅逐出去。自此各方混戰更無所顧忌。

意大利雕刻師 L.GIORGI 在銀元上的簽名

第十六章

分道揚鑣

民國十五年孫中山頭像幣

　　自辛亥革命以革命黨人掌控政府失敗而結束，北洋政府掌控中國政局後，孫中山及其領導的革命黨人，繼續以廣東為根據地，多次發動武裝奪取全國政權的戰爭。沙俄在 1917 年爆發十月革命，以列寧為首的蘇共，繼承誕生於歐洲的馬克思主義和共產主義思想，採用公有制的經濟制度，推翻沙俄統治，並聯合周邊十幾個國家組建蘇維埃社會主義共和國聯盟，簡稱蘇聯，同時建立共產國際對此制度模式進行輸出。孫中山對此非常仰慕，願意接受並與之合作。

　　1919 年，孫中山將中華革命黨改組整合為中國國民黨，成為一個高度集權、層級分明的政黨。1924 年 1 月，中國國民黨在廣州舉行第一次全國代表大會，實行聯俄容共政策，與蘇聯和剛剛誕生並快速走上政治舞台的中國共產黨合作。在蘇聯的幫助下，國民黨組建了以蔣介石為校長的黃埔軍校，培養了大批軍事政治人才。在奪取欲圖“聯省自治”的廣東軍閥陳炯明的兵權後，1925 年，孫中山在廣州改組大元帥府為國民政府，以黃埔軍校為基礎組建國民革命軍。

　　1925 年 7 月 1 日，廣州國民政府正式成立，由汪精衛任政府主席，胡漢民任外交部長，許崇智任軍事部長，廖仲愷任財政部長，聘任鮑羅廷為高等顧問。除此以外，並設置國民政府軍事委員會，汪精衛兼任主席，蔣介石等八人為委員，並取消各地方部隊名稱，統一稱作國民革命軍，計劃北伐。10 月 1 日，國民革命軍舉行東征，擊敗陳炯明殘部，廣東基本上統一。

1926 年，為了預備北伐成功後在全國發行新的貨幣，廣州國民政府同時在廣州和天津造幣廠試造孫中山頭像銀元。兩個版本不同，廣州版的風格偏於文質彬彬，天津版則顯得孔武有力，本節篇首的照片是後者，為在敵佔區秘密試鑄，因而更鮮為人知。兩版正面均為已於 1925 年去世的孫中山正面肖像，上方鑄"中華民國十五年"，背鑄交叉雙稻穗圖案及面值"壹圓"。

但是，這兩個版本試製後均未能鑄造發行。原因有二：一是歐美銀價飛漲，大量白銀外流而導致原料奇缺；二是民間只認可已經廣泛流通的袁世凱頭像銀元，即"袁大頭"。這些年來雖然也有其他大佬等如黎元洪、唐繼堯、曹錕等人都鑄造有其頭像的銀元，但極難流通。

此幣極少量的存世，印證了此時廣州國民政府方才統一了南方各派勢力，在天津的鑄幣也說明了此時國民黨和共產黨聯合的北伐軍本意圖共同奪取全國勝利，是為歷史的見證。

1926 年 7 月 9 日，國民政府成立國民革命軍從廣東起兵，在連克長沙、武漢、南京、上海等地以後，國民政府內部因對中國共產黨的不同態度而一度分裂，汪精衛和蔣介石決裂，北伐陷於停頓。在"寧漢合流"，即蔣介石和汪精衛建立的兩個政府合併後，國民革命軍繼續北伐，並在西北的馮玉祥和山西的閻錫山部軍隊的加入下，於 1928 年攻克北京，迫使北洋奉系的張作霖撤往

孫中山與蔣介石（左站立者）

中華民國十五年孫中山頭像銀元廣州版

東北。張作霖在退往關外之際，被鐵路上埋伏的炸彈刺殺於瀋陽附近的皇姑屯，其子張學良認定是駐軍東北的日本人所殺，身負國恨家仇，毅然宣佈東北易幟，歸附國民政府，至此北伐完成。中國除了前一年國共兩黨的聯盟分裂後，中國共產黨領導下的工農紅軍武裝佔領的多個地區之外，實現了形式上的統一。

　　國共兩黨的分裂，源於 1926 年 3 月的中山艦異常調動事件，雙方都疑心並指責對方叛變，孰是孰非莫衷一是。直到幾十年後，史學界泰斗楊天石先生在論文中詳細分析，作出結論：該事件係國民黨西山會議派和孫文主義學會製造的謠言和事端，以進一步挑起蔣介石和汪精衛以及共產黨人之間的矛盾。

　　北伐結束後，南京國民政府正式統治全中國，成為中國在國際上的唯一代表政權。但實際上，國民政府內仍有不同勢力代表，如蔣介石、汪精衛、李宗仁、閻錫山、馮玉祥等爭權奪利，造成此後中原大戰等連串內鬥衝突，這些戰爭以及次生災難的規模和傷亡人數遠超北洋軍閥混戰時期，1929 至 1932 年間餓死者就數以千萬計。最終，軍閥混戰以蔣介石的勝出並掌握中央政府實權而告終，但他的權力並不穩固，同時其他勢力依然不容小覷，給中國帶來了無盡的衝突與內耗。

第十七章

華麗轉身

蘇維埃印記之袁世凱頭像幣

　　在軍閥混戰中勝出的蔣介石將"剿共"作為頭等任務，以至於對 1931 年發動"九一八"事變的日軍不抵抗，任其佔領東北。

　　1930 至 1934 年，國民黨政權對中國共產黨的革命根據地進行五次軍事圍剿和經濟封鎖，新生的共產黨政權的生存環境十分惡劣。為了金融的獨立與安全，中共領導的紅軍便利用打土豪獲得的民國三年（1914 年）版"袁大頭"銀元，由專門的銀匠用高溫在袁世凱頭像右側打上"蘇維埃"的戳記，以示區別，投入流通。這種"蘇維埃袁大頭"在發展中共根據地經濟、保障紅軍供給和紅色政權建設方面發揮了重要作用。本節篇首的即是此種銀元。除在袁世凱頭像右側打上"蘇維埃"三字戳記外，有些還在幣面或背面打上"工人"二字戳記。從 1931 年至 1934 年，"中華蘇維埃共和國中央造幣廠"在江西瑞金還仿照民國三年版"袁大頭"樣式自鑄銀元，無蘇維埃之印記，限於蘇區流通。由於技術、設備條件所限，這種銀元成色雖尚可，但鑄工較原版"袁大頭"明顯粗糙，幣面圖案不免模糊，故被稱為"土造花邊"（銀元俗稱"花邊錢"）。

　　被國民黨軍隊認為是"土包子"的紅軍，在物質條件極不發達的情況下，在金融安全和交易秩序方面下的工夫，在保障百姓購買力的水平上所用的精力，遠遠在同期的國民黨政權之上，因為同時期國民黨政權完全沒有在轄區內掌控貨幣的發行。

　　據考證，還有種很滑稽的情況是：有些假的蘇維埃印戳銀元是 20 世紀 30 年代中期兩個上海人偽造的。這種假幣的特徵是蘇維埃的印記非常淺並且粗糙。這也印證了國民政府治下法制和金融的混亂。

當時上海有一家麒麟錢幣社，店主是楊成麒和平玉麟。平玉麟看到蘇區鑄造的銀元在白區很走俏，就請一家銀樓刻製了枚長方形的"蘇維埃"三字鋼戳，選擇最普通的民國三年版"袁大頭"，將鋼戳打上。

這樣，本來很普通的"袁大頭"一下子變成了珍貴的蘇區銀元，身價陡增。當時上海的錢幣收藏大咖耿愛德、陳仁濤、施嘉幹等人都被騙了，一個個爭先恐後地高價購買，還有一部分從上海流入其他地區。後來由於二人不和，楊成麒才向外泄露了平玉麟偽造"蘇維埃袁大頭"一事。此事曾在上海灘轟動一時，當時報紙皆有報導。

當時老百姓習慣上稱蘇區改造和鑄造的銀元為"紅洋"。國民黨政權不會容忍打有"蘇維埃"戳記的"紅洋"在市面流通，收繳後便回爐熔化，因此打有"蘇維埃"戳記的"袁大頭"真品傳世很少，遠遠比一般的原版"袁大頭"更具有價值。

在中國出現蘇維埃三個字與蘇區等稱呼，今天的人看會有些特別。當時一批對中國前途抱有期待的中國人，包括孫中山在內，的確渴望用蘇聯的制度模式來實現民族和國家的獨立和自強，也曾獲得過蘇聯的資助並接受共產國際的領導。

　　但是，1927 年國共分裂後，中共南昌起義和秋收起義的兩支紅軍在次年於井岡山會師，建立了根據地，後稱為中央蘇區。蔣介石派軍隊在幾年間圍剿四次，紅軍反而日益壯大。後來共產國際派王明、博古等人到中央蘇區掌權，隨即根據地因指揮失當和對手過於強大而被攻破，紅軍被迫進行戰略撤退和轉移。在行進至貴州遵義時，中共中央成員集體開會剝奪了王明和博古的職權，此後又屢打勝仗。在血的教訓面前，中共中央不再唯共產國際馬首是瞻，開始獨立探索一條屬於自己的中國革命之路。

　　此後的中共仍然把蘇共當作"老大哥"，在西安事變後對所俘蔣介石的處理方式與二次國共合作抗日，以及中華人民共和國成立後出兵朝鮮等重大事件上，依然會參考來自莫斯科的意見。但蘇共後來走上"修正主義"的路線，推行大國沙文主義，覬覦中國的重要港口旅順、大連。為了捍衛國家主權和領土完整，中蘇最終決裂。1969 年，雙方甚至在珍寶島兵戎相見。

　　在中國大陸改革開放後，國家在大政方針層面明確承認並保護私有產權，中國開始走出一條獨特的中國特色社會主義道路。蘇維埃銀元已成遙遠的歷史，見證了那一段中蘇聯繫最為緊密的時期。如今，在蘇聯解體及蘇共亡黨三十多年後的今天，在中國共產黨領導下，中國依然可以昂首向前，走在獨立自主的發展之路上，保持着良好的金融安全和發展趨勢。

袁世凱頭像幣上的 "蘇維埃" 戳記

第十八章

改弦易轍

取消銀元改使用紙幣

　　孫中山去世數年後，國民政府終有能力更換貨幣樣式。

　　民國十八年至二十六年之間，國民黨政府鑄造了幾個版本的銀元，還增加了許多不同面值的輔幣，如五角、兩角等，部分得以全國發行。這些版本均以孫中山而非蔣介石為正面圖案，足證當時的蔣介石雖任國民黨主席和委員長多年，但尚未掌握號令黨內各派系的權力，所以還得抬出孫中山先生來為自己統治的權威性背書。在他的統治下，各派勢力都各懷心事，不願在"剿共"中損兵折將而自毀實力。而中國共產黨在毛澤東領導下，審時度勢，準確分析了國民黨各派勢力的內部矛盾，充分利用他們之間的互相戒備和猜忌，指揮中央紅軍在敵人重兵集團之間運動作戰，將數十萬敵軍甩在身後，最終取得長征的偉大勝利，順利到達陝北的根據地並繼續領導革命。

　　這些銀元反面圖案為帆船的，民間俗稱"船洋"。還有反面為地球和雙旗圖案的版本未發行。在孫中山頭像"船洋"銀元系列中，民國二十一年版的最有戲劇性。"九一八"事變之前，國民政府就發行了民國二十一年銀元，幣面刻有一艘雙桅帆運輸船，頂上有三隻飛鳥，東方有一輪初升的太陽。圖案設計時的寓意是"國運"、"一帆風順"、"旭日東升"。不料剛一發行，正逢日本駐瀋陽的軍隊發動"九一八"事變。當時很多人把空中太陽圖案認為是日本國旗正在升起，三隻鳥被說成是東三省要飛掉了，因此國內輿論譁然，紛紛指責政府。當時國民政府也感到"天上的飛鳥是外國人的徽記，凌駕於中國帆船之上"，一致認為設計不妥，於是馬上下令收回這版銀元，以制止謠言流傳。除此之外，此後發行的各版"船洋"都沒有三鳥和太陽，只有光禿禿的一艘船。

在第一次世界大戰後，歐美各國經歷了經濟高速發展與繁榮，以白銀為代表的貴金屬貨幣遠不足以流通使用，所以價格暴漲。歐美各國政府紛紛放棄金屬貨幣，大量發行紙質鈔票，但同時認可紙鈔可與貴金屬兌換，並設置了較為穩定的匯兌比例。歐美的白銀價格暴漲後，中國的白銀加速流出國境。

在這場西方各國競相減低幣值、貶低匯價，以增進輸出、減少輸入的打鬥中，中國出口貿易飽受西方國家的欺壓，出口貨物數量減少，價格低落，致使國內種植、製造以及農工商業為之不振；中國國內市場上，由於各國不合理的匯價影響，進口貨物廉價出售，極大地壓迫着中國農業、工業品的市價。金融緊張的狀況隨着 1929 年起席捲全球經濟危機的進展愈益嚴重，加之掌控全國金融的目的和野心，一起驅動着南京國民政府考慮從根本上對中國的幣制進行改革。

以孫中山頭像為造型的民國二十六年帆船版銀元，是中國上海中央造幣廠製造的最後一次銀本位制的銀質貨幣。其中，某種款式據傳還是由美國造幣廠代製，它的孕生正值法幣政策的實施，一方面已經開始用法幣的發放來穩定金融危機，另一方面考慮民眾多年來對銀質貨幣接受的習慣，以備紙幣推行的不測，同時根據銀價暴漲趨勢,設計試製減重的銀質貨幣。新款銀元重量只是原來銀元重量的一半,壹圓面值銀元重量約十三克。然減重銀元終究跟不上銀價上漲的幅度而取消製作計劃。白銀除了外流,還有很多銀元和紋銀因為銀價漸漲而被民間當成工藝品,裝飾在算盤、擺件、首飾、服飾上而退出流通,進一步加劇了貨幣白銀的缺乏。最終國民政府決定全面落實紙幣發放,將銀元一律收歸國有,熔化成銀錠後作為中央銀行的貴金屬儲備,各類新老

百元法幣與萬元法幣

銀元都以一比一的對價換成法幣。

法幣這個詞，如今已經變得陌生。法幣並不是法國貨幣的簡稱，而是法定的印刷紙幣，是由國家銀行發行以國家信用保證的貨幣，使貨幣與價格波動的貴重金屬脫鉤，在當時的中國是一種進步的金融制度改革，亦是現代國家金融體制下應有的特徵。法幣的發行，統一了國內的貨幣，且通貨發行的控制權落在政府手中，國內白銀等貴金屬，亦因此集中到政府手上。對於當時維持戰爭時中國的財政，法幣有不少的功勞。然則實施的負面效果是，官辦的銀行掠奪了民間的財富，使民眾的儲蓄化為烏有。這一方面是因為在脫離了銀本位的貨幣之後，貨幣的發行量完全不受白銀儲備的制約，所以國民黨政府印起來沒有任何制約，甚至隨心所欲；另一方面是戰爭時期生產乏力但開銷巨大，又缺乏有效的生產和徵稅手段，不得不如此攫奪民眾財富。

1937 年，日本發動全面侵華戰爭。1945 年抗日戰爭勝利時，法幣已經貶值得不像樣子，用具體的購買力來衡量是這樣的：

1937 年到 1947 年，一百元法幣購買力變化：1937 年可買大牛二頭；1938 年可買大牛一頭和小牛一頭；1939 年可買大牛一頭；1940 年可買小牛一頭；1941 年可買豬一頭；1942 年可買火腿一隻；1943 年可買雞一隻；1944 年可買小鴨一隻；1945 年可買魚一條；1946 年可買雞蛋一隻；1947 年可買五分之一根油條。

面值六十億元的法幣

　　國民政府對日本扶持的南京國民政府批出的資產作為敵產的沒收，以及對其發行貨幣匯率的嚴重壓低，帶來的民心流失很嚴重。根據《宋氏家族全傳》中記載：當時宋子文指令財政部以大大壓低幣值的偽幣收換辦法，對原淪陷區的廣大國民進行殘酷的掠奪。1945 年 9 月 26 日，國民政府公佈《偽中央儲備銀行鈔票收換辦法》，規定流通於華中和華南收復區的偽幣中儲券 200 元兌換法幣 1 元；還規定流通於華中和華南收復區的偽幣聯銀券 5 元兌換法幣 1 元，並規定限期及限量兌換等。按照當時這些地區與國民黨統治區批發物價總額比較，這兩種貨幣與法幣的實際比值分別約為 35：1 和 0.5：1。當時，有幾句民謠曾一度廣為流傳，連孩子們都會唱：想中央，盼中央，中央來了更遭殃。

　　國民政府在法幣瘋狂貶值、已出現六十億面額的情況下，打算恢復金本位來殊死一搏。國民黨政府 1948 年 8 月 19 日以蔣介石總統命令發佈《財政經濟緊急處分令》，規定自即日起以金圓券為本位幣，發行總限額為二十億元，限 11 月 20 日前以法幣三百萬元折合金圓券一元、東北流通券三十萬元折合金圓券一元的比率，收兌已發行之法幣及東北流通券；限期收兌百姓所有的黃金、白銀、銀元及外國幣券；限期登記管理本國人民存放國外之外匯資產。按以上要旨，同時公佈《金圓券發行辦法》、《人民所有金銀外幣處理辦法》、《中華民國人民存放國外外匯資產登記管理辦法》、《整頓財政及加強管制經濟辦法》等條例。

　　發行金圓券的名義在於限制物價上漲，規定"全國各地各種物品及勞務價，應按照 1948 年 8 月 19 日各該地各種物品貨價依兌換率折合金圓券出售"。這一不切實際、違背經濟學基本規律的政策，使得商品流通癱瘓，一切交易轉入黑市，整個社會陷入混亂。國民黨官員利用職權，大肆倒買倒賣外匯，在匯率雙軌的情況下反覆買進賣出大發橫財，加劇了外匯儲備的枯竭。國民政府對此行為幾乎束手無策，讓國民黨在全國統治的經濟基礎走上了不歸路。

　　此時國共正在戰場上進行大決戰，在戰事不利的情況下，國民政府秘密安排將上海的黃金儲備運往台灣。意外的是，這批黃金啟運後第三日，《申報》就登出了簡訊"謂某夜中國銀行曾運出物資若干箱云云"。消息源頭是英國記者的報導。該報辦公地點就在緊鄰中國銀行的上海和平飯店樓上，兩百萬兩黃金秘密裝船啟運當晚，喬治‧維恩從辦公室窗戶目睹了全過程。聯想到淮海戰役敗局，喬治‧維恩進而推斷國府對未來已有新安排。於是他連夜發出

三種面值的金圓券

消息，稱"中國全部黃金正在用傳統的方式——苦力運走。"

沉浸在捕獲獨家驚天秘聞的喜悅中的喬治·維恩，沒有意識到他的報導激怒了當局，於是他很快被抓捕、速審速決，被判處死刑。如此對待英國記者，足可見此事的嚴重性和當局的震怒程度。幸虧他的夫人趕緊委託香港外國記者協會主席直接找到蔣介石求情，英國和其他國家外交機構也共同施壓，他才幸得釋放。

然而消息畢竟是公開了，原本發行僅半年已貶值至原購買力五百分之一的金圓券，此刻更如"雪崩似地狂貶"，完全失控。

1948 年 10 月 1 日，國民黨政府被迫宣佈放棄限價政策，准許百姓持有金銀外幣，並提高與金圓券的兌換率。限價政策一取消，物價再度猛漲，金圓券急劇貶值。

1948 年 11 月 11 日，國民政府公佈《修改金圓券發行辦法》，取消發行總額的限制。

至 1949 年 6 月，金圓券發行總額竟達一百三十餘萬億元，超過原定發行總限額的六萬五千倍。票面額也越來越大，從初期發行的最高面額一佰圓，到最後竟出現壹佰萬圓、伍百萬圓一張的巨額大票。金圓券流通不到一年，形同廢紙，國民政府財政金融陷於全面崩潰。

爾後，國民政府立刻宣佈停止以金圓券兌換黃金，此舉徹底阻斷百姓生路：1948 年 8 月金圓券剛發行時，2 元金圓券能換 1 塊銀元；到 1949 年 1 月已經變成 1000：1；到 4 月 23 日國軍失守南京時，1000 萬金圓券都兌不到 1 塊銀元；到 1949 年 6 月，坊間的銀元價格更是達到了 5 億金圓券一枚。

在 2014 年紅極一時、多位明星主演的內地電視劇《北平無戰事》中，觀眾可以感受國民黨孤注一擲的幣制改革計劃是如何在缺少規劃、違背經濟規律和透支民心的前提下，一步步走向破產的，也將國民黨政府從內到外腐爛到家的本質暴露無遺。

"一個新幣如此快速貶值，影響如此眾多人民的生活，世所罕見。" 學者吳興鏞《黃金密檔》一書中，收錄了一位大陸醫學教授 2004 年的來信："政府撤退到台灣時，我已年近三十，利用金圓券收刮民間硬通貨，強運台灣的情況，恍如昨日，多少小康人家傾家蕩產，十分痛恨。""金圓券成為廢紙，人民財產付諸東流，國民政府也就成了全民公敵。"

除了當事者的切身回憶，這段歷史留下的教訓仍然足夠振聾發聵。復旦大學歷史系教授、金融史專家吳景平認為：國民黨在統治大陸的最後這一段時間裏，把多少社會財富捲走了事，而把一文不名的金圓券扔下，不管民眾死活。老老實實把金子銀子交出去的，全部變成廢紙；只有悄悄留在箱底的，才渡過劫難。金圓券的出籠和破產，說明當時的國民黨已經完全失去了對於社會正常運作和民眾生計的擔當，其統治的合法性、權威性，在人民解放軍進城之前就已經喪失殆盡了。歷史證明最後需要靠共產黨來收拾局面，收兌了金圓券的人民幣最終站住了腳。

1949 年，上海的碼頭

1949 年，運往台灣的銀錠待裝船

1950 年，台灣銀行金庫

1949 年，上海電話公司員工領工資

壹角

每拾角兌換銀元壹圓券
中華民國三十八年
中華國民流通公司有公司

中央銀行
銀元券

008467   00846

廣州

1-F   1-1

壹圓

憑票兌換銀元
中華民國三十八年
中國國民流通公司券公司

省

伍拾

東省省銀行兌換券

072397   拾伍

伍拾圓

50

第十九章

姍姍來遲

紙幣惡性膨脹後恢復銀元

1946 年國共聯合組建政府的談判失敗後，開啟三年內戰。

1949 年 4、5 月，南京、上海相繼被中國共產黨領導的人民解放軍佔領，新政府在 6 月起宣佈停止金圓券流通，以金圓券十萬元兌換人民幣一元的比率，收回後銷毀。

而國民政府遷到廣州後曾繼續發行金圓券，但其價值已形同廢紙，到了 1949 年 7 月 3 日，廣州政府宣佈停止發行金圓券，改以銀圓券取代，結束了金圓券的歷史。

銀圓券又稱 "銀元兌換券"。1949 年解放軍渡過長江之後，逃往廣州的國民政府，為了代替急速貶值、幾同廢紙的金圓券，維持統治區的經濟秩序，於該年 7 月意圖恢復銀元的流通。辦法規定：國幣以銀元為單位，銀元 1 元重 26.6971 公分（克），成色 880/1000，含純銀 23.493448 克；同時發行可兌等值銀元的銀圓券，面額有 1 元、5 元、10 元、50 元、100 元五種，輔幣券有 5 分、1 角、2 角、5 角四種；銀圓券與金圓券的比價是 1 元銀圓券折 5 億元金圓券；銀圓券兌現銀元限在廣州、重慶、蘭州等九個城市進行。

當時的國民黨統治區只剩下華南、西南幾個省，再加上時間倉促，故所發銀圓券只能指定少數幾個兌換點，並限量兌現，所以說實質上銀圓券仍很難兌換銀元，不能取信於民，加之中國共產黨領導的新政權在銀圓券一出籠時便發出不收兌華南、西南 "偽幣" 的聲明，使銀圓券遭到致命的打擊。國民黨統治區的百姓普遍掀起拒用銀圓券的風潮。解放軍佔領廣州後，不僅西南百姓拒用銀圓券，甚至連國民黨軍隊也棄之如敝屣。

為了能夠發行銀圓券，國民黨政府在海南利用舊模匆忙趕製袁世凱頭像版銀元，同時在西南地區投放大量帆船版銀元，意圖用恢復銀元的流通取信於民，作最後的搶救。但這對於國民黨來說已經是末路狂奔，銀圓券幾乎沒有機會發行，就隨着解放軍的到來而走入歷史。

從銀元一比一換法幣，到 300 萬元法幣換 1 元金圓券，再到 5 億金圓券換銀圓券，再到銀圓券限量換銀元。在這一大圈的循環中，國民財富被十幾年如一日地洗劫歸零，這恐怕才是國民政府被國民唾棄而敗走台灣的真正原因。

留意三種貨幣的頭像人物：法幣的頭像是孫中山，金圓券成了蔣介石，換成銀圓券以後又成了孫中山。這一方面說明打着孫中山先生三民主義旗號的蔣介石，直到 1949 年都未能在國民黨政府內部掌握絕對的權力，在國民心中也未贏得足夠的權威；另一方面說明幣制體系和缺乏信用的紙幣不得人心。在解放軍佔領長江以北之後，蔣介石還一度使用慣用的招數，以退為進，被迫下野，只是歷史和民眾沒有再給他機會。

由此可見，不管換什麼錢幣，是紙幣還是銀幣，只有權力充分的領導者，科學合理的制度及政令暢通、令行禁止、使命必達的執行力量，才是取信於民，保證金融乃至國家政權穩定的重要因素。

第二十章

偏安一隅

蔣介石七秩紀念幣

　　1949 年 10 月 1 日，中華人民共和國成立。同年底，國民政府宣佈遷址台北，意味着放棄對西南地區的統治。

　　1949 年，可以説是蔣介石一生中最倒楣、最狼狽的一年，國民黨政權在大陸名義上的統治才二十年，就走到了完結的一天。軍事上，經過遼瀋、淮海、平津三大戰役的較量和渡江戰役，國民黨軍隊的主力已被消滅，解放軍佔領了中國的大部分國土，蔣介石丟掉了在大陸的大部分地盤；政治上，國民黨內的派系鬥爭白熾化，桂系逼宮，蔣介石被迫下野；外交上，面對國民政府的腐敗和無能，美國由失望、不滿轉向公開拋棄。蔣家王朝陷入了內外交困的深淵。走投無路之下，蔣介石率國民黨政府殘餘人員退守台灣島。

　　此時，新生的中華人民共和國統一台灣的計劃是早就定下了的。美國人也已經不打算再在蔣家王朝身上耗費精力。正當海峽兩岸劍拔弩張之時，朝鮮戰爭爆發。"為遏制共產主義的擴張"，美國重新走上扶蔣保台的道路，國民政府藉助"冷戰"局勢而趁機鑽到美國的羽翼之下。東西方反共的"朋友"聯合起來，得到了喘息機會的蔣介石，可謂一隻眼睛看着美國，一隻眼睛盯着中國大陸，在夾縫中築起其實並不牢靠的"反共聯盟"，直至在美國和中華人民共和國建交後瓦解。

　　退守台灣之後，蔣介石一方面大搞"白色恐怖"，實行戒嚴；一方面也下定決心整頓吏治，進行金融和土地等方面的改革，從

歲月賦予銀元的印跡

而掌控權力，樹立國民黨政府在台灣的權威。

　　蔣介石七秩華誕紀念幣鑄於 1956 年的台灣。在蔣介石統治台灣時期，曾經制定反攻大陸的計劃，並派遣特工人員通過各種渠道以隱蔽的身份潛伏大陸伺機而動。這枚銀幣就是在 20 世紀 50 年代至 70 年代之間由台灣秘密派遣到大陸潛伏的國民黨軍政特工人員帶入大陸的，後來因為大陸的政治形勢日趨穩定、政權鞏固而使得蔣介石的“反攻大陸計劃”最終流產。

　　銀幣的全稱為“中華民國四十五年‘蔣總統’七秩華誕紀念萬壽無疆壹圓紀念幣”，尺寸和重量相當於庫平七錢二分的壹圓型流通幣，係退守台灣的國民黨政府為紀念蔣介石七十壽辰而鑄造的紀念幣，並不正式流通。此時台灣已經發行了紙幣且穩定流通，貴金屬貨幣已經在全球範圍內退出歷史舞台。此紀念幣正面中央鑄蔣介石側面肖像，肖像上端環鑄“‘蔣總統’七秩華誕紀念”九個漢字，“秩”為“十年”之意，“七秩”係七十年即七十歲之意。蔣介石肖像下環鑄蔣介石七十壽辰的日期“中華民國四十五年十月三十一日”，左右兩端各鑄一個篆體“壽”字。銀章背面圓圈內鑄有組成圓形的“萬壽無疆”四個字。

　　此幣的鑄造印證了，蔣介石即使被趕到台灣，仍然是老調重彈，實施“一個黨，一個主義，一個領袖”的威權統治。此幣在大陸地區的出現，也說明蔣介石退守台灣只是一個緩兵之計，一直夢想着有朝一日反攻大陸。曾經在抗戰時作過國民黨下級軍官的著名史學家黃仁宇先生，在《從大歷史的角度讀蔣介石》一書中斷言："蔣介石不是大獨裁者，他缺乏作獨裁者的工具；他也不可能成為民主鬥士，他縱有此宏願，也無此機會"。只要他活着，"光復大陸"的計劃就會存在下去，用他的話講，是"不可動搖之國家決心。"同時他對那些叫囂台獨的人説："誰説獨立，就讓誰掉腦袋。"在這一點上，他至少還算是一位捍衛一個中國原則的愛國者，直到他死的那一刻還抱着中國終將實現統一的理想。

為什麼我們一定要堅持一個中國原則？為什麼要祖國統一？這絕不僅僅是一個虛幻的名號之因素而已，也不是民眾對不同政權的比較與選擇問題，本書所闡述的幾百年來，權力與制度的秩序帶來的效率與穩定，以及分歧與爭端的失控導致的障礙與血淚，可以作為一個很好的註腳。

隨着這些曾經叱咤風雲的一代歷史人物的落幕，銀元也最終完成了自己的歷史使命，逐漸走進了歷史，並成為收藏熱潮中的寵兒，而它作為隱藏着許多歷史秘密的證物，始終等待着一代代有心人的發現和破譯。

中國近代歷史大事記

1839 年　林則徐虎門銷煙

1840 年至 1842 年　第一次鴉片戰爭

1842 年　中英《南京條約》簽訂，鴉片戰爭結束

1844 年　中美《望廈條約》、中法《黃埔條約》簽訂

1851 年　太平天國建立

1853 年　太平天國定都天京

1856 年　太平天國領導集團內部互相殘殺

1856 至 1860 年　第二次鴉片戰爭

1858 年　清政府分別與英、法、美、俄簽定《天津條約》

1860 年　清政府分別與英、法、俄簽訂《北京條約》

1861 年　北京政變，慈禧太后奪權

1861 年　總理衙門成立

1864 年　太平天國運動失敗

19 世紀 60 至 90 年代　洋務運動

1883 至 1885 年　中法戰爭

1894 至 1895 年　甲午中日戰爭

1895 年　中日《馬關條約》簽定

1898 年　戊戌變法

1900 年　義和團運動高潮

1900 年　八國聯軍佔領北京

1901 年　《辛丑條約》簽定

1905 年　中國同盟會在日本東京成立

1911 年　四川保路運動

1911 年 10 月 10 日　武昌起義

1912 年　中華民國成立，孫中山任臨時大總統

1912 年　清帝退位，袁世凱任大總統

1913 年　孫中山發動二次革命

1915 年　孫中山發動護國運動

1915 年　新文化運動開始

1916 年　袁世凱恢復帝制失敗並去世

1917 年　張勳復辟並失敗

1917 年　孫中山發動護法運動

1919 年　同盟會改組為中國國民黨

1919 年 5 月 4 日　五四運動爆發

1921 年 7 月　中國共產黨成立

1924 年　國共兩黨第一次合作

1925 年　孫中山去世

1926 年　國共兩黨聯合的國民革命軍出師北伐

1927 年 4 月 12 日　蔣介石發動 "四一二" 政變

1927 年 4 月　蔣介石在南京建立國民政府

1927 年 7 月 15 日　汪精衛發動 "七一五" 政變

1927 年 8 月 1 日　南昌起義，中共領導的紅軍成立

1927 年 8 月　湘贛邊秋收起義

1928 年 4 月　井岡山會師

1928 年　張學良宣佈東北易幟

1931 年　"九一八" 事變，日軍佔領東北

1931 年　中華蘇維埃共和國臨時中央政府成立

1932 年　偽滿洲國成立

1934 年 10 月　中共中央紅軍開始長征

1935 年 1 月　中國共產黨遵義會議

1935 年 10 月　中共中央和紅軍第一方面軍長征到達陝北

1936 年 12 月 12 日　西安事變，隨後國共兩黨第二次合作

1937 年 7 月 7 日　盧溝橋事變，日軍開始佔領華北

1937 年　"八一三" 事變，日軍攻打華中

1937 年 9 月　淞滬會戰，上海失守

1937 年　平型關大捷

1937 年 12 月　日軍南京大屠殺

1938 年春　台兒莊戰役

1940 年 3 月　汪精衛偽國民政府在南京成立

1940 年　百團大戰

1941 年　皖南事變

1942 年　中國共產黨開始紀律整頓

1945 年 8 月 15 日　日本宣佈投降，汪偽政府消亡

1945 年　中共和談代表毛澤東等飛抵重慶，重慶談判開始

1945 年　雙十協定簽字

1946 年 6 月　國共內戰開始，中共領導的軍隊改稱中國人民解放軍

1947 年 6 月　人民解放軍開始全國規模的反攻

1948 年 9 月　遼瀋戰役開始

1948 年 11 月 6 日　淮海戰役開始

1948 年 11 月 29 日　平津戰役開始

1949 年 4 月 23 日　人民解放軍佔領南京

1949 年　"國民政府"遷往台北

1949 年 10 月 1 日　中華人民共和國成立

責任編輯	陳思思	
書籍設計	吳冠曼	
書籍排版	陳先英	

書　　名	**銀造歷史**
編　　著	杜一鳴
出　　版	三聯書店（香港）有限公司 香港北角英皇道 499 號北角工業大廈 20 樓 Joint Publishing (H.K.) Co., Ltd. 20/F., North Point Industrial Building, 499 King's Road, North Point, Hong Kong
香港發行	香港聯合書刊物流有限公司 香港新界荃灣德士古道 220-248 號 16 樓
版　　次	2023 年 7 月香港第一版第一次印刷
規　　格	大 32 開（140mm × 210mm）248 面
國際書號	ISBN 978-962-04-5317-5

© 2023 Joint Publishing (H.K.) Co., Ltd.
Published in Hong Kong, China.